Elisabeth Lukas
Der Freude auf der Spur

Elisabeth Lukas

Der Freude auf der Spur

Sieben Schritte, um die Seele fit zu halten

VERLAG NEUE STADT
MÜNCHEN · ZÜRICH · WIEN

Aus der Reihe: LebensWert

2010, 2. Auflage
© Alle Rechte bei Verlag Neue Stadt, München
Umschlaggestaltung unter Verwendung eines Fotos von
xxee / photocase.com
Gestaltung und Satz: Neue-Stadt-Grafik
Druck: fgb – freiburger graphische betriebe, Freiburg i. Br.
ISBN 978-3-87996-797-1

*Die wenigsten Leute wissen,
wie schön der Himmel ist –
schon auf Erden.*

Peter Rosegger

Inhalt

Die Freude und die „fetten Jahre" 11
Ein seelischer Kraftspender 17

Tipp 1: *Über psychosomatische Zusammenhänge Bescheid wissen!*

Eine „Schutzfolie" des Organismus 24

Tipp 2: *Die Aufmerksamkeit bewusst und sorgfältig lenken!*

Wenn man Negatives erzählt 32
Wie findet man Positives? 39
Die Schatztruhe des Lebens 45
Der Hund im Spiegelkabinett 52
Vom „entweder" und vom „oder" 58

Tipp 3: *Möglichst auf Spekulationen verzichten!*

Der Pfarrer und das Bohnerwachs 66

Tipp 4: *Man halte gelegentlich inne und starte sein Leben neu!*

Das Häuschen der „Großtante" 74
Die Erstbesichtigung 78 – Der Beginn der Erneuerung 82 – Ein zersägter Schrank 88 – Seht her: Ich lebe! 93

Tipp 5: *Löse täglich das Rätsel des kleinen Glücks!*

Das Rätsel des kleinen Glücks 96
Über das Fehlen von Freude 101

Tipp 6: *Genieße das Dasein, solange du da bist!*

Tipp 6a: *Genieße dein eigenes Dasein!*
Die Freude als Therapeutikum 108
Die Freude am Tun, Gestalten, Sich-Bewegen ... 110
Die Freude am Schauen, Lauschen, Denken 114

Tipp 6b: *Genieße das mitmenschliche Dasein!*
Die Freude an gemeinsamen Unternehmungen .. 118
Die Freude an der „silent communication" oder:
   Wie wohltuend eine gute Ausstrahlung ist 122
Die Freude an Konfliktlösung und Mediation ... 126
Die Freude an der Freude eines anderen 131

Tipp 7: ... *auch ohne zu sehen!*
Oder: Selbst wenn nicht der geringste Grund
zur Freude in Sichtweite ist – es gibt ihn!

Was ist stärker: Freud oder Leid? 136
Die Metapher der Engel 141
   Erste Erkenntnis 143 – Zweite Erkenntnis 145 –
   Dritte Erkenntnis 146
„Synchronisation in Birkenwald" 149
   Der Engel tritt auf 150 – Der Engel schützt nicht 150 –
   Der Engel wird nicht bewusst 151

Eigene Notizen 152
Über die Autorin 154
Weitere Bücher der Autorin 156

Die Freude und die „fetten Jahre"

In der Bibel ist von „sieben fetten und sieben mageren Jahren" die Rede, um das Auf und Ab der wechselnden Lebensbedingungen des Menschen zu symbolisieren. In der Tat scheint es so zu sein, dass uns kein über die Zeiten andauernder Friede, Wohlstand und Luxus gewährt ist, weder im Leben des Einzelnen noch in der Geschichte der Völker. Wie Flut und Ebbe wechseln, so wechseln Phasen voller Kummer und Sorgen mit Phasen der Zufriedenheit – zumindest der potenziellen Zufriedenheit, das heißt mit Phasen, in denen wir mit unserem Dasein rundum zufrieden sein *könnten* (wenn wir es *wären*). Ich weiß, dies ist eine seltsame Umschreibung der sorglosen Lebensphasen, die ich da vorgenommen habe. „Potenzielle Zufriedenheit" klingt nicht nach unbeschwertem Glücklichsein, klingt nicht nach dem perfekten Gegenstück zum Unglücklichsein in der Not. Ein psychologischer Mechanismus stört nämlich die Balance von Leid und Freud. Ich will ihn anhand des oben genannten biblischen Motivs kurz erläutern.

Fragen wir uns zunächst, was für den Menschen günstiger wäre: wenn er *zuerst* die sieben fette Jahre und *da-*

nach die sieben mageren Jahre erleben würde – oder umgekehrt: wenn er *zuerst* die sieben mageren Jahre durchlitte, um *danach* in die sieben fetten Jahre hinüberzuwechseln?

Unsere Vernunft plädiert sofort für die erste Variante. Wenn es stimmt, dass man um gewisse Armutsjahre nicht herum kommt, dann sollten diese möglichst einer reichen Periode folgen, in der man Vorräte anhäufen kann, die einem später helfen, die Armutsjahre zu überstehen. Ja, so spricht die Vernunft, doch sie steht, wie leider oft, allein auf weiter Flur. Kaum jemand verfügt über die Genügsamkeit und die Voraussicht, mitten im Überfluss Vorräte zur Seite zu legen. Im „Überfluss" fließt es eben, und die Schätze fließen immer wieder nach, wodurch fälschlich der Eindruck entsteht, dies sei die Norm.

Dabei ist das nicht einmal das Hauptproblem einer „überfließenden" Zeit. Das Hauptproblem besteht darin, dass sich Menschen an ihre jeweils vorfindlichen Umstände gewöhnen und sie nicht mehr als außergewöhnlich einstufen. So wird in Wohlstandszeiten der Wohlstand schnell zu etwas ganz und gar Gewöhnlichem, eben Vorhandenem, das niemand mehr hinterfragt oder auch nur besonders beachtet. Herumliegende, ohne große Anstrengung erworbene Schätze schätzt man nicht. Wieso auch? Geld ist da, Arbeitsplätze sind da, Häuser schießen aus dem Boden, der Freizeitmarkt boomt voller Angebote, Weltreisen wer-

Die Freude und die „fetten Jahre"

den erschwinglich ... Wer soll sich da darüber freuen, dass er an jedem Tag genug zu essen hat? Wer soll jubeln über die Fülle an Bildungsangeboten, die ihm offenstehen? Wer kann seinen Kindern noch erklären, wie herrlich es ist, bei Sturm und Schnee eine wetterfeste Kleidung zu besitzen, selbst wenn sie nicht aus der Nobelboutique stammt? Die *Freude* ist es, die im Wohlstand glatt auf der Strecke bleibt, und die lässt sich nirgends kaufen.

Bereits kurz nach der Jahrtausendwende fiel den Kinderpsychologen ein eklatanter Anstieg suizidaler Jugendlicher in unserer „westlich orientierten" Gesellschaft auf, der bis heute anhält. Es handelt sich dabei nicht um eine Unmenge junger Menschen, die konkret Selbstmord planen würden, sondern um eine breite Schicht junger Menschen, deren Stimmung zwischen dumpfer Abschottungstendenz und lebensskeptischer Idealelosigkeit schwankt, angeheizt von einem unterschwellig aggressiven Frust ohne benennbaren Grund, dem viele (zumeist falsche) Gründe zugeordnet werden, was die Sache nicht verbessert. Wer Schuldige für seine schlechte Stimmung sucht, wird sie stets finden und häufig anklagen, und in den überwiegenden Fällen wird er dadurch lediglich seine mitmenschlichen Beziehungen beschädigen.

Kurzum, in „fetten Jahren" ist es erfahrungsgemäß um die Freude der Bevorzugten schlecht bestellt. Nähern sich dann aber plötzlich die „mageren Jahre", ist

Der Freude auf der Spur

„Heulen und Zähneknirschen" angesagt. Erst über einen langen, qualvollen Umlernprozess voller Empörung, Unverständnis und psychischer wie moralischer Dekompensation wird allmählich rückschauend begriffen, was man alles gehabt (und verloren) hat und welche Gnade der Wohlstand eigentlich gewesen ist. Die Wertschätzung kommt zu spät, und Freude kommt logischerweise überhaupt nicht auf. Man ist intensiv damit beschäftigt, unter den ungewohnten Einschränkungen den simplen Alltag ohne größere Blessuren zu meistern.

Dies allerdings ist nicht ohne Chancen. Die neuen Erkenntnisse sowie das (erzwungene) Zurückstecken-Müssen, Arbeiten-Müssen, Sich-bewegen-Müssen, Kreativ-sein-Müssen, Bescheiden-sein-Müssen etc. tun den Menschen eher gut. Allmählich passen sie sich an die kargen Ressourcen an und nützen sie nach Kräften. Langsam merken sie auch, dass widrige Umstände Solidarität erfordern, und rücken zusammen. Die Blüten „Neid" und „Konkurrenz" welken im allgemeinen Notstand, wohingegen die gegenseitige unentgeltliche Unterstützung ihre Renaissance feiert. Es ist ein seltsames und dennoch nicht verwunderliches Faktum, dass laut breit angelegten Umfragen die Zufriedenheit mit dem Leben in den kargen und ausgebeuteten Entwicklungsländern durchschnittlich doppelt so hoch ist wie in den Industrieländern, in denen wiederum dank der modernen medizinischen Versorgung die Lebenserwartung doppelt so hoch ist wie in den Entwicklungsländern. Wahrlich eine verrückte Welt! Kurzum, in „mageren Jahren" arrangiert man sich, und mit der Zeit spürt man immer weniger, dass einem etwas fehlt. Nachkriegskinder wie ich haben zum Beispiel weder Puppe noch Teddybär vermisst – eine Dose mit ein paar Knöpfen und Bändern oder ein Stück Papier und ein Bleistift genügten seinerzeit vollauf als Spielzeug ...

Kündigen sich dann jedoch plötzlich „fette Jahre" (Stichwort „Wirtschaftswunder") an (was den Entwicklungsländern nur zu wünschen wäre!), ist der Jubel gewaltig. Es ist kaum zu fassen, was sich da plötzlich an Möglichkeiten eröffnet, und zwar nicht bloß finanzieller Natur. Mit Freude wird der heraufdämmernde Luxus begrüßt. Man kann sich endlich das ersehnte Fahrrad kaufen, und sogar ein Auto rückt in ansparbare Nähe. Man kann sich gelegentliche Theaterbesuche leisten und auch noch hübsch dafür kleiden. Man kann eine Landkarte ausbreiten und von exotischen Urlaubszielen träumen. Man darf seine Bildung erweitern und auf einen besseren Arbeitsplatz hoffen. Viele Sehnsüchte bekommen einen Realitätsbezug, und – natürlich – neue Sehnsüchte erwachen. Letzteres dämmt freilich die Freude wieder ein, denn in dem Augenblick, da sich Menschen an permanente Wunschbefriedigungen gewöhnen, wollen sie immer mehr davon. Es sinkt die Zufriedenheit mit dem Vorhandenen, es steigt die Geringschätzung der sprudelnden Möglichkeiten, und es

Der Freude auf der Spur

breitet sich neuerlich jener „Sättigungsfrust" aus, der die Wohlstandskinder (und genauso die „Wohlstandserwachsenen") in ein chronisches Unbehagen versetzt.

Durchforstet man die geschilderten Rhythmen auf ihr „Freudepotenzial", zeigt sich, dass die Übergangsphase von der Armut zum Reichtum (analog: von der Krankheit zur Gesundheit, von der Einsamkeit zur Partnerschaft usw.) am vielversprechendsten ist. Es gehört zum Wesen der Freude, dass sie ursprünglich aus einer Entbehrung stammt. Sie ist eine Tochter des (freiwilligen oder unfreiwilligen) Verzichts, der sich mit einer (klar bewussten) Wertschätzung gepaart hat. Wer 70 Paar Schuhe in seinem Schrank liegen hat, kann sich über das 71. Paar Schuhe, das er ersteht, einfach nicht unbändig freuen, beim besten Willen nicht. Wer hingegen nur ein Paar Sommerschuhe und ein Paar Winterschuhe besitzt und sich dann noch ein drittes Paar dazu aussuchen darf, dessen Herz mag laut klopfen. Ähnlich wird jemand, der alle Tage in Gourmetrestaurants diniert, einem knusprigen Wiener Schnitzel kaum Aufmerksamkeit schenken. Ein Armer hingegen, der von Brot und Kartoffeln lebt, würde es im Unterschied dazu wahrlich genießen. Die Freude stillt eine Sehnsucht – und ohne Sehnsucht, ohne zumindest *eine Zeitlang unerfüllte Sehnsucht* gibt es keine Freude!

Ein seelischer Kraftspender

Fragen wir uns, ob es überhaupt wichtig ist, sich zu freuen? Offenbar kann man auch ohne Freude „funktionieren", und dies ziemlich lange. Laut Statistik vollbringt ein erheblicher Prozentsatz aller Arbeitnehmer Tag für Tag ohne Freude durchaus akzeptable Leistungen. Auch in den Familien werden zahllose anfallende Aufgaben erledigt, ohne der Freude daran zu bedürfen. Der Druck von außen (Fremdkontrolle) und von innen (Pflichtbewusstsein) reicht aus, um Menschen zu den notwendigen Handlungen zu motivieren; und das Leben selbst mit seinen knallharten Konsequenzen schlägt noch dazu in dieselbe Kerbe. Je disziplinierter Personen sind, desto eher können sie mittels Disziplin „tun, was sie sollen". So kann man zum Beispiel mittels reiner Disziplin eine Fremdsprache oder das Spielen eines Musikinstruments erlernen, indem man die Anweisungen des Lehrers befolgt und fleißig übt. Es kann sein, dass sich später in einem fortgeschritteneren Stadium die Freude am Lesen ausländischer Literatur oder am Musizieren einstellt, aber zunächst ist sie keine absolute Vorbedingung für den Lernzuwachs. Weniger disziplinierte Personen sehen dies allerdings anders. Für sie müssen Arbeit, Lernen, Leisten usw. „Spaß machen", erst dann sind sie bereit, sich dazu aufzuraffen. Bedauerlicherweise hält ein solcher „Anfangsspaß" jedoch selten an, was jenen Personen langfristig eher die Freude verdirbt, bevor sie auskeimen und Früchte tragen kann.

Wie dem auch sei, die Freude ist nicht zwangsläufig der Motor, der unser Leben vorantreibt. Sie ist ein Zusatzgeschenk, das uns bei günstigen Konstellationen (Verzicht, Wertschätzung ...) in den Schoß fällt und unser sich selbst vorantreibendes Leben erhellt. Und noch etwas ist sie, und zwar in höchstem Maße: *ein gigantischer seelischer Kraftspender*!

Wir sagten, dass sie im Allgemeinen mit Sehnsuchtsstillung verknüpft ist, wie sie etwa ein Wandel von „mageren" zu „fetten Jahren" gewährt, doch *wenn* ein Mensch in der Lage ist, sich *relativ unabhängig* von den vorherrschenden Gegebenheiten zu freuen, dann spendet ihm die Freude alles, was er braucht, um weder an der Mühsal noch an der Bequemlichkeit zu scheitern, ja, dann werden die „mageren" wie die „fetten Jahre" für ihn allesamt zu „sinnerfüllten Jahren", von denen er am Ende seines Lebens kein einziges versäumt haben möchte.

Ich habe in meiner mehr als 30-jährigen psychotherapeutischen Praxis (mit etwa 300 Patienten pro Jahr) fast alle „Vorder- und Kehrseiten" des Menschen gesehen und eine solch kunterbunte Mischung von selbstproduziertem oder schicksalhaft ausgelöstem Seelenschmerz kennengelernt, dass es mir ungemein schwerfiele, eine allgemeingültige Konfiguration gelingenden Lebens zu skizzieren; doch wäre mir dies abverlangt, würde ich als Erstes das Vorhandensein der Freude thematisieren. Wo sie wohnt, wohnt Segen. Wo sie wohnt, wohnt Trost. Wo sie wohnt, wohnt Humanität.

Freilich geschehen mitunter furchtbare Ereignisse, die jeglichen Anlass zur Freude auszuklammern scheinen, aber dem Schein beliebt es eben, uns zu trügen. Hat jemand, der einen nahestehenden Menschen durch Tod verloren hat, keinen Anlass mehr zur Freude? Der Schein will uns dies weismachen. Doch schon die Tatsache, dass man jemandem nahestand, dass sich ein Band der Zuneigung – vielleicht Jahre lang – um einen geschlungen hat, ist der Freude wert. Wie leer, wie armselig wäre doch die eigene Vergangenheit ohne die Begegnung mit jenem nahestehenden Menschen gewesen! Wie wenig würde der geliebte Tote auch wollen, dass man nach seinem Tod in Schwermut versinkt und er mit seinem Dahinscheiden geradezu noch daran „schuld" ist. Und wie leer, wie armselig wäre doch die eigene Zukunft, wenn man es nach keinem Verlust mehr wagen dürfte, glücklich zu sein! Ein anderes Beispiel: Hat jemand, der in seiner Kindheit grobe Misshandlungen erlitten hat, keinen Grund mehr zur Freude? Wiederum ruft der Schein: „Nein!" Aber wo und wann wurde bewiesen, dass eine miserable Kindheit lebenslang Schatten werfen muss? Sigmund Freud hat vor hundert Jahren mit solchen Thesen jongliert und manch Interessantes dabei zutage gefördert, doch haben die zahlreichen wissenschaftlichen Kontrollstudien, die sich seither mit der Frage nach Langzeitfolgen (früh)kindlicher Traumata beschäftigt haben, eindeutig ergeben, dass das Menschenkind widerstandsfähig und plastisch genug ist, um sich von seelischen Verletzungen zu erholen, um nachzureifen und um sogar alte Negativerfahrungen in spätere Stärken umzumünzen. Übrigens ist allein schon die Tatsache, dass jemand schwere Misshandlungen überlebt hat und nicht daran zugrunde gegangen ist, der Freude wert. Und auch die Tatsache, dass er schließlich erwachsen geworden ist und damit die Chance gewann, den Misshandlungen zu entrinnen, ist freudeverdächtig. Ja, die Freude spendet wirklich enorm viel Kraft, jedermann und jederzeit.

Nun, ein neues Jahrtausend ist angebrochen, sein erstes Jahrhundert ist nicht mehr ganz taufrisch – wo stehen wir jetzt? Künftige Generationen werden die heutige Zeit besser beurteilen können als wir, die wir vom Strudel der Gegenwart mitgerissen werden. Ist für die westliche bzw. abendländische Welt ein Ende der „fetten Jahre" in Sicht? Dämmern bereits die „mageren Jahre" am Horizont herauf? Oder wird uns Wohlstandsverwöhnten noch eine Verlängerung gewährt? Ziehen vielleicht für andere Völker „fettere Jahre" heran, und

Ein seelischer Kraftspender

wie werden sie sie angesichts der ungeheuren elektronischen Kulturrevolution, die derzeit rund um die Welt läuft, nutzen? Werden am Ende die Computer und nicht die Menschen die „Sieger" sein? Die Zukunft verrät ihre Geheimnisse nicht. Sicher ist meines Erachtens nur zweierlei:

1) Beim Auslaufen einer „fetten Zeitperiode" ist es um die Freude der Menschen besonders schlecht bestellt. „Heulen und Zähneknirschen" sind die Norm.

2) Was auch gegenwärtig am Horizont heraufdämmern mag, wir werden seelische Kräfte brauchen, um uns damit anzufreunden. Kräfte, wie sie nur die Freude spenden kann.

Was folgt daraus? Wir werden entdecken (oder wiederentdecken) müssen, wie man Freude findet und Freude erhält, *unabhängig von den jeweiligen Umständen, denen man ausgeliefert ist.* Wer diese Kunst beherrscht, ist fit für KOMME, WAS WOLLE.

Als Psychotherapeutin und persönliche Schülerin von Viktor E. Frankl, einem der bedeutendsten Seelenärzte und Seelenforscher des 20. Jahrhunderts, habe ich mir deshalb vorgenommen, in diesem Buch einige mir bekannte Tipps zusammenzutragen, die in diese Kunst einweihen, damit der „schöne Götterfunke" (Friedrich

Der Freude auf der Spur

Schiller, allseits bekannt durch die Vertonung Ludwig van Beethovens) nicht nur im Himmel sein Licht entzünde, sondern auch hier auf Erden uns Menschen erleuchte und uns helfe, für eventuell drohende Dunkelheiten gerüstet zu sein.

Tipp 1:

Über psychosomatische Zusammenhänge Bescheid wissen

Eine „Schutzfolie" des Organismus

Mein erster Tipp lautet: *Über psychosomatische Zusammenhänge Bescheid wissen!* Im Prinzip kann man nur staunen über die vielfältigen Kreuz- und Querverbindungen, die den Organismus in sich selbst und mit dem menschlichen „Geist" zu einer Einheit verschmelzen lassen, als wäre die Grenze zwischen materiellen und immateriellen Instanzen aufgehoben. Da ist einerseits der Zusammenhang zwischen der Immunlage (= der Fähigkeit des Körpers, Krankheiten/Infektionen abwehren zu können) und der Affektlage (= der jeweiligen seelischen Befindlichkeit, dem Wohlbefinden) eines Menschen. Beide „Lagen" verhalten sich nahezu wie die Flüssigkeitsinhalte kommunizierender Gefäße: Steigt der Pegel des einen an, steigt auch der des anderen an, sinkt der Pegel des einen ab, sinkt auch der des anderen ab.

Dieser psychosomatische Zusammenhang ist jedoch komplizierter, als viele Laien glauben. Denn es ist nicht einfach so, dass sich bei jemandem, der körperlich erkrankt, die seelische Stimmung automatisch verschlechtern muss, oder umgekehrt, dass jemand, der einen seelischen Schock erleidet bzw. einem heftigen

Eine „Schutzfolie" des Organismus

Frust ausgesetzt ist, auf der Stelle körperlich krank werden muss. Vielmehr kommt es darauf an, wo und in welchen organismischen Bereichen bereits *Vorschädigungen* bestehen, die sich vielleicht noch gar nicht bemerkbar gemacht haben, aber dennoch eine „Schwachstelle" bedeuten, eine „Anfälligkeit" der Person. Trifft dann ein seelischer Auslöser auf eine solche Schwachstelle des Körpers, oder trifft ein körperlicher Auslöser auf eine Schwachstelle der Seele, so kommt es mit hoher Wahrscheinlichkeit zum Krankheitsfall.

Auf diese Weise kann es geschehen, dass eine ganze gesunde Familie plötzlich krank wird, und zwar jeder an seiner individuellen Schwachstelle. Angenommen, der Vater habe gewisse Vorschädigungen im Kreislaufsystem, die Mutter neige zu Reizungen im Verdauungstrakt und die Großmutter tendiere zu Infekten der Atmungsorgane, aber die Abwehrkräfte dieser drei Personen seien stark genug, um den jeweiligen Krankheitsausbruch zu verhindern. Nun komme es zu irgendeinem schockierenden Erlebnis, zum Beispiel zieht die Tochter unerwartet zu einem ihrer Familie suspekten Freund. Alsbald erleidet der Vater einen Kreislaufzusammenbruch, die Mutter entwickelt eine schmerzhafte Gastritis, und die Großmutter wird mit Verdacht auf Lungenentzündung ins Krankenhaus gebracht. (Eventuell bleibt die Tochter topfidel, weil sie als Einzige mit der geänderten Wohnsituation zufrieden ist ...)

Tipp 1: Über psychosomatische Zusammenhänge Bescheid wissen!

Nun kann man weder behaupten, dass Ärger und Aufregung in der Regel Kreislaufschwächen bedingen, noch dass sie Magengeschwüre heraufbeschwören oder bronchiale Verschleimungen erzeugen. Eines aber ist sicher: Sie reduzieren die Immunität des Gesamtorganismus und führen dadurch genau dort zu Krisen, wo vorher schon eine Krisendisposition vorgelegen hat, obwohl sie von dem Betreffenden gar nicht registriert worden ist. Es ist ähnlich wie mit einem Dachziegel, der von einem feinen Riss durchzogen ist: Solange schönes Wetter herrscht, erfüllt er seine Aufgabe wie jeder andere (intakte) Dachziegel auch, aber im Sturm ist *er* es, der zerbricht, und kein anderer. Der Sturm ist demnach nicht Ursache, sondern nur Auslöser für das Zerbrechen des Ziegels, denn wäre der Sturm die Ursache dafür, würden *alle* Dachziegel zerbrechen.

Dasselbe gilt analog für den psychischen Bereich, in dem es auch „Vorschädigungen" gibt, nämlich konstitutionell bedingte Affektneigungen, wie sie zum Beispiel in den alten Typenbeschreibungen vom Hysteriker, Melancholiker oder Choleriker zum Ausdruck kommen. Solche Persönlichkeitseigenarten sind an sich nichts Krankhaftes, können sich aber bei entsprechenden Auslösefaktoren bis auf Krankheitsniveau steigern. Zum Beispiel wird jemand, der relativ rasch mit Angst, Depression oder Wut reagiert, besonders dann diese Affekte produzieren, wenn er auch körperlich nicht auf der Höhe ist.

Eine „Schutzfolie" des Organismus

So viel in Kürze zum Zusammenhang zwischen der Immunlage und der Affektlage des Organismus. Aber es gibt noch einen anderen Zusammenhang, der speziell uns Menschen kennzeichnet, und das heißt, dass er uns ein kleines „Mitspracherecht" einräumt. Überlegen wir: Was liegt überhaupt in unserer Hand? Jeder von uns hat bereits Vorschäden in seinem Körper, niemand ist hundertprozentig gesund. Jeder von uns ist hie und da körperlichen oder seelischen Auslösefaktoren ausgeliefert: Bakterien und Viren, die in der Luft herumschwirren, oder Stress und Unannehmlichkeiten, die sich einfach nicht vermeiden lassen. Um im Bild zu sprechen: Dachziegel bekommen mit der Zeit kleine Risse, und Gewitter fegen irgendwann über sie hinweg. Kann man also gar nichts machen, um psychosomatischen Entgleisungen vorzubeugen? Doch, man kann. Man kann, um im Bild zu bleiben, die Ziegel mit einer Art Schutzfolie überziehen, die die Sonne durchscheinen lässt, aber das Rütteln der Winterstürme auffängt und abhält. Was das wohl für eine Schutzfolie sein mag?

Der Leser wird sogleich vermuten, dass es die *Lebensfreude* ist, die alle negativen Affekte sozusagen neutralisiert. In der Tat ist es praktisch unmöglich, sich gleichzeitig überschwänglich zu freuen und sich schrecklich zu ärgern, da müsste man schier über sich selber lachen, was den Ärger noch zusätzlich verpuffen ließe. Es stimmt, dass die Freude die jeweilige Affektla-

Tipp 1: Über psychosomatische Zusammenhänge Bescheid wissen!

---

ge weitgehend zu stabilisieren vermag. Der Haken besteht nur darin, dass man die Freude nicht herbeizwingen kann. Sie ist keine Magd des Willens. Man kann sich nicht „auf Befehl" freuen, und je angestrengter man es wollte, desto mehr verginge sie einem auch schon. Aber zahlreiche wissenschaftliche Untersuchungen haben gezeigt (und damit bewiesen, was Viktor E. Frankl schon in den 1930er-Jahren intuitiv erfasst und behauptet hat), *dass sich die Freude „kinderleicht" und quasi wie von selbst in jedem sinndurchfluteten Leben einstellt,* das sich mit den Vorlieben und Überzeugungen eines Menschen deckt und ihm das Gefühl – mehr noch: die innere Gewissheit – vermittelt, dass es schön ist, dass es ihn gibt, dass er am richtigen Platz steht, und dass er auf eben diesem Platz etwas Positives bewirken kann.

Ein solches „Bewirken" braucht selber durchaus nicht kinderleicht zu sein, es darf sogar mit Mühe und Plage gekoppelt sein, und dennoch schwingt die Freude problemlos mit, solange das eigene Dasein im Verbund mit der Miniwelt, in die es eingebettet ist, als sinnvoll wahrgenommen wird. Die „Glückspilze", denen dergleichen gelingt, sind zwar auch nicht gegen „Schicksalsstürme" gefeit, doch zerbrechen sie nicht unter deren Wucht, sondern wachsen daran, orientieren sich neu und kreieren nicht selten fantastisch sinnstiftende Vollendungen aus faktisch Unvollendbarem. Ihre ausgeglichene Affektlage ist die ideale Voraussetzung für eine stabile Immunlage, die ihnen „erfülltes Leben bis zuletzt" gewährt.

So hören wir mitunter von Menschen, die ein bestimmtes Lebensziel erreichen wollten, dass sie dieses gerade noch erlebt haben, obwohl sie schon längst von einer tödlichen Krankheit gezeichnet waren. Ihr Wille, ein Werk zu Ende zu bringen (wie z. B. Goethe seinen „Faust II") oder ihre Überzeugung, noch für eine bestimmte Aufgabe gebraucht zu werden, verlieh ihnen enorme seelische Kräfte, hob sie über sämtliche Anflüge von Verzagtheit und Verzweiflung hinweg und stärkte ihre Immunität derart, dass sie es schafften, gar ein wenig „über ihre biologischen Verhältnisse zu leben". Die Freude am Schaffen, die Freude am Gebrauchtwerden, die Freude am Dasein für etwas oder für jemanden (Frankl) durchglühte sie mit einer Leidenschaft, mit der sie ihre realen Leiden geradezu vergaßen. Aber auch in weniger dramatischem Kontext ist die geistige Wahrnehmung von Werten, denen man mit Engagement und Freude dient, ein Verhütungsfaktor ersten Ranges für jegliches Aufwallen und Überkochen negativer Affekte.

Somit lehrt uns die moderne Psychosomatikforschung nicht nur, warum einer krank wird, sondern gleichzeitig auch, warum einer gesund (bzw. noch am Leben) bleibt: Wer seine Zeit sinnvoll nützt und sich aus freien Stücken mit wertverwobenen Inhalten aus Familie und Gesellschaft, Kultur und Natur etc. be-

Tipp 1: Über psychosomatische Zusammenhänge Bescheid wissen!

---

schäftigt, gewinnt Freude, und wer sich freut, überzieht seine physischen und psychischen Schwachstellen mit einer Art „Schutzfolie", was ihm hilft, so manch peitschenden Stürmen und manch tristen Regenperioden seines Lebens zu trotzen.

Tipp 2:

Die Aufmerksamkeit bewusst und sorgfältig lenken!

Wenn man Negatives erzählt ...

Mein zweiter Tipp lautet: *Die Aufmerksamkeit bewusst und sorgfältig lenken!* – Um die Tragweite einer solchen Aufmerksamkeitsregulierung herauszuarbeiten, muss ich ein wenig ausholen.

In den Anfangsjahren meiner beruflichen Laufbahn bin ich einmal eingeladen worden, bei einer gruppentherapeutischen Sitzung als Hospitantin anwesend zu sein. Es saßen damals ungefähr 20 Personen im Raum, Leute mit unterschiedlichen Leiden. Es war ihnen erlaubt, über alles zu sprechen, was sie beschäftigte, und so sprachen sie über ihre Sorgen. Insbesondere eine Frau aus der Runde riss das Wort an sich und erzählte die kompromittierendsten Dinge über ihre Ehe im Detail. Die übrigen Gruppenteilnehmer hörten mit gleichgültig-deprimierten Gesichtern zu und gaben gelegentlich Ratschläge von sich, die von besagter Frau sofort abgelehnt wurden. Schlug etwa jemand vor, sie solle doch mit ihrem Mann ein ernsthaftes Gespräch führen, erklärte sie kurzerhand, mit „dem" könne man nicht reden; meinte ein anderer, sie solle sich von ihrem Mann trennen, rief sie spöttisch, sie denke nicht daran, von Almosen zu leben. Nach zwei Stunden waren alle er-

Wenn man Negatives erzählt ...

schöpft, und die Sitzung wurde beendet. Nachdenklich betrachtete ich die Mienen der sich verabschiedenden Teilnehmer: Sie wirkten traurig, unbewegt, leer. Auch ich konnte mich einer leichten Resignation nicht entziehen, gar zu viel „Schmutzwäsche" war in den vergangenen zwei Stunden „gewaschen" worden. Nicht einmal die Frau, die ununterbrochen über ihre Eheprobleme geklagt und alle möglichen Kommentare dazu gehört hatte, schien in irgendeiner Weise erleichtert oder befreit zu sein. Nein, sie wischte sich beim Hinausgehen noch eine Träne aus den Augenwinkeln.

Damals beschloss ich, eine neue Form von Gruppentherapie auf der Basis des Franklschen Gedankengutes zu entwickeln, und so wurde die „Dereflexionsgruppe" angedacht, die sich bis heute in der Praxis bestens bewährt hat. Was mir dabei von Anfang an vorgeschwebt hat, war eine Gruppe problembeladener Personen, die die Gruppensitzung mit frohen Gesichtern verlässt, und das konnte ja nur geschehen, wenn zuvor nicht ständig und ausschließlich im Schlechten gewühlt und über persönliche Schwierigkeiten debattiert worden war, sondern wenn es auch Lichtblicke der Ermutigung und der Freude gegeben hatte. Allerdings wagte ich mich nicht sogleich an das Experiment heran. Es dauerte noch eine Weile, bis ich dank meiner zunehmenden Erfahrung mehr vom Fachgebiet der Psychosomatik verstand, was schließlich den Ausschlag dafür gab,

Tipp 2: Die Aufmerksamkeit bewusst und sorgfältig lenken!

---

dass eine gänzlich neue Gruppenpsychotherapieform entstand, die sich wesentlich von den bislang praktizierten Formen unterschied.

Zunächst dies: Wozu gehen Leute in therapeutische Gruppen; wozu werden sie von ihren behandelnden Ärzten dahin geschickt? Meistens ist das Transparentmachen von unbewussten Vorgängen das Ziel. Seelische „Knackpunkte" sollen auf ihre Entstehungsgeschichte hin analysiert werden. Daneben soll die Hemmung abgebaut werden, eigene Empfindsamkeiten, Ängste und Begierden offen auszudrücken. Doch wenn 20 „vorbelastete" (zumindest psychisch vorgeschädigte) Personen zwei Stunden lang ihre Probleme voreinander ausbreiten und dabei spekulieren, wer und was alles daran schuld sein könnte, ist das für ihre Affektlage nicht bekömmlich. Das kann, wie wir bereits wissen, auf ihre Immunlage durchschlagen und ihnen zusätzliche Krankheitsanfälligkeiten (körperlicher Art) bescheren. Es gibt zwar das bekannte Phänomen, dass sich Menschen erleichtert fühlen, wenn sie jemandem ihre innersten Gefühle und Sorgen anvertraut haben, doch schafft eine Gruppe von zusammengewürfelten Fremden kaum den geeigneten Raum dafür. Zumal die Gruppenteilnehmer häufig angeleitet werden, die gehörten Aussagen kritisch zu hinterfragen bzw. deren Echtheitsgrad anzuzweifeln und nach frühen Verdrängungen zu suchen, was eher Misstrauen fördert als Vertrauen.

Wenn man Negatives erzählt ...

Die Dereflexionsgruppe hat nun ebenfalls das Transparentmachen von unbewussten Vorgängen zum Ziel, will dabei aber „seelische Ressourcen" entdecken helfen und für die Zukunft der Einzelnen mobilisieren. Wenn eine „Hemmung" beseitigt werden soll, dann ist es die Hemmung, sich am Leben zu erfreuen und es ohne Zögern zu bejahen. Zu diesem Zweck muss die Gefahr des gegenseitigen Hineinsteigerns in ein destruktives Endloslamento eingebremst werden, und das geht nur über eine *freiwillige Selbstbeschränkung der Teilnehmer*.

In diesem Zusammenhang möchte ich darauf hinweisen, dass die freiwillige Selbstbeschränkung gleichsam einen „Hit" moderner Psychohygiene darstellt, der sämtliche „Hitparaden" aktueller gesellschaftspolitischer Problemlösekonzepte anführt. Das Einsatzfeld dieses „Hits" beginnt beim ausufernden Konsum um den Preis von Krediten, die einem irgendwann die Pleite-Schlinge um den Hals legen, und endet mit den Gewalt- und Killer-Computerspielen, die Jugendliche irrsinnig aufhetzen, ihnen aber praktisch von keiner Autorität weggesperrt werden können. Es setzt sich fort bei Übergewicht und Wohnungsvermüllung, weil man nichts auslassen und nichts hergeben will, und zieht sich weiter in beruflichen Hetzjagden und Mobbingpraktiken, weil jeder sich selbst der Nächste ist und dem anderen zuvorkommen will. Viele ähnlich patho-

Tipp 2: Die Aufmerksamkeit bewusst und sorgfältig lenken!

---

logische Auswüchse unserer Zeit könnten aufgezählt werden, aber uns interessiert die Frage, was ihnen Einhalt gebieten kann? Keine Obrigkeit hat die Macht dazu. Die Gesetze des Staates können nicht dermaßen verschärft werden, die Gebote der Kirchen haben an Relevanz verloren, der Einfluss der Eltern und Lehrer ist geschrumpft, ein allgemein anerkannter „Benimmkodex" schwächelt mit der älteren Generation dahin und wird von der jüngeren Generation spöttisch infrage gestellt. Ja, es mag eine Errungenschaft der Kinder des 21. Jahrhunderts sein und werden, sich von den Dogmen des Althergebrachten zu befreien und ungeniert eigenen Zukunftsströmungen zu folgen, nur müssen sie dann die *Autorität ihrer selbst* sein und sich mitten im Meer des Machbaren und Immer-mehr-Machbaren *freiwillig* auf dasjenige *beschränken*, was ihnen und ihren Mitmenschen guttut und was vor ihrem Gewissen gerade noch verantwortbar und vertretbar ist. Nach dem Motto „Weniger ist mehr" müssen sie (unter Umständen bitter) lernen, sich selbst jene Grenzen zu setzen, die ihnen keiner mehr setzt, obwohl deren Überschreitung sie und andere ins Unglück reißen würde.

Kehren wir zurück zur Dereflexionsgruppe. Was heißt eigentlich „Dereflexion"? Es handelt sich um einen von Viktor E. Frankl geprägten Begriff, der besagt, dass einer „Hyperreflexion", also einem Zuviel an Reflexion bezüglich eines bestimmten Themas, etwas

Wenn man Negatives erzählt ...

Wertvolles und Wichtiges entgegengesetzt wird, das die Aufmerksamkeit in vernünftige und dem Menschen angemessene Bahnen lenkt. Dereflexion ist also praktisch immer dann angesagt, wenn jemand in seinem Denken und Fühlen auf etwas fixiert ist, von dem er sich lösen sollte, weil es entweder unabänderlich ist oder eine Geringfügigkeit betrifft, die man besser nicht beachtet, oder weil es aus irgendwelchen Gründen alle Freude raubt und alle Tatkraft lähmt. Mitunter ist buchstäblich *die Fixierung* das Problem und nicht so sehr jenes Ur-Problem, auf das jemand fixiert ist ... Am häufigsten sind es negative Erfahrungen, auch „Mini-Erfahrungen", die solcherart die Seele binden.

In der Dereflexionsgruppe wird nun eine kleine freiwillige Selbstbeschränkung in Bezug auf die „Redefreiheit" vereinbart: Jeder Teilnehmer darf sich äußern, wie er will, nur soll er dabei auf deprimierende Beschreibungen von Missständen und auf Klagen über irgendwelche persönlichen Schwierigkeiten verzichten, um es sich selbst und den anderen leichter zu machen, die Aufmerksamkeit bewusst auf das Schöne und Glückspendende im Leben zu lenken. Es gibt kein Menschenleben, in dem es gar keinen Anlass zur Freude gäbe; die Kunst besteht darin, solche Anlässe wachen Sinnes wahrzunehmen. Der Alltag ist voll davon. Ein Blumenstock öffnet seine Knospen, eine Begegnung wärmt einem das Herz, ein gelungenes Foto ruft Urlaubserinnerungen wach, ein kleines Manko ist endlich

Tipp 2: Die Aufmerksamkeit bewusst und sorgfältig lenken!

überlistet worden usw. Sind das Nichtigkeiten? Nein, es sind winzige Splitter des riesigen unverdienten Geschenks, eine Zeitlang auf dieser Erde wandeln zu dürfen. Und über wie viele Nichtigkeiten beschweren wir uns tagein, tagaus! Da braucht es gelegentlich eine deutliche Akzentverschiebung, damit sich das reale Verhältnis des Positiven zum Negativen nicht drastisch in Richtung eines negativen Gesamtvolumens verzerrt, das jenem riesigen unverdienten Geschenk fälschlich den Stellenwert einer unerträglichen Bürde zuordnet.

Interessanterweise sind Gruppenteilnehmer schnell damit einverstanden, auf „Gejammer" zu verzichten, bloß springt der „Gesprächsmotor" unter diesen Umständen sehr stotterig an. Was hat man sich gegenseitig an Erfreulichem zu berichten? Darauf sind die Menschen in unserer Gesellschaft nicht trainiert.

Wie findet man Positives?

Es gibt Ideen, die ein wenig Beihilfe leisten können bei der Suche nach Erfreulichem, zum Beispiel die Idee vom „Tagebuch der schönen Stunden". Gemäß dem Motto, dass man gewöhnlich findet, was man sucht, soll man eine Woche lang *konsequent aufschreiben, was einem alles an Positivem begegnet*. Jeder, der sich bisher dieser Mühe unterzogen hat, war nach jener Woche bass erstaunt, welch lange Liste er zustande gebracht hat. Ich erinnere mich an einen älteren Herrn, den ich als echten „Griesgram" kennengelernt habe. Im Zuge einer von mir geleiteten Dereflexionsgruppe begann er ein solches Auswahltagebuch zu verfassen und vollzog dabei innerlich eine Wende um 180 Grad. Als er nach besagter Woche wieder erschien, sprudelte er nur so drauflos. Er habe Kinder beobachtet, die eine gehbehinderte Frau über die Straße geführt haben, was ihm imponierte, denn seine Meinung von der Jugend sei bislang eher schlecht gewesen. Er habe eine von der Krankenkasse bezahlte Massage erhalten und sich anschließend außerordentlich wohl und entspannt gefühlt. Er sei in den Frühlingswald hinausgestapft und habe das zart austreibende Grün auf

Tipp 2: Die Aufmerksamkeit bewusst und sorgfältig lenken!

---

sich wirken lassen, was seltsame Auferstehungsfantasien in ihm ausgelöst habe. Er habe zum ersten Mal in seinem Leben den hellen Klang des Vogelgezwitschers bewusst vernommen und sich seitdem angewöhnt, morgens beim Frühstück das Fenster weit zu öffnen, um den Vögeln zu lauschen. Er habe in der Buchhandlung nach einem bestimmten Bändchen gefragt, woraufhin die zuständige Dame 40 Minuten lang kreuz und quer herumtelefoniert habe, um es ihm schlussendlich zu beschaffen. Er sei währenddessen mit einem Kunden, der ebenfalls gewartet habe, ins Gespräch gekommen und von diesem zu einem Singspiel eingeladen worden, bei dem dessen Nichte die Hauptrolle innehatte. Ganz unerwartet habe ihn die Vorführung, der er aus reiner Höflichkeit beigewohnt habe, sehr erheitert ... So ging es fort, und wir mussten ihn bremsen, damit noch andere Personen zu Wort kamen.

Eine weitere Idee betrifft die *positive Abendbilanz vor dem Einschlafen*. Dabei soll man sich gemütlich im Bett zurechtlegen und dann vor den bereits geschlossenen Augen sämtliche Lichtblicke des Tages Revue passieren lassen. Die meisten Menschen (selbst Patienten mit Schlafstörungen) schlafen dabei auf der Stelle ein, weil die rekapitulierten Tageshighlights ihnen ein Gefühl von tiefer Geborgenheit vermitteln. Die meisten Menschen träumen auch besser, wenn ihnen knapp vor dem Einschlafen noch etwas Schönes durch den Sinn geht. Nur ist es in der Realität leider oft umgekehrt: Vor

Wie findet man Positives?

dem Zu-Bett-Gehen werden Krimis oder gar Horrorfilme konsumiert, und das schon von Jugendlichen, was die Erholsamkeit eines erquickenden Schlafs in weite Ferne rückt.

Empfehlenswert ist sodann, *Tätigkeiten, die man gerne ausübt, für „Unlust-Tage" aufzuheben, an denen man „nicht gut drauf ist"*. Jeder Mensch unterliegt gewissen Stimmungsschwankungen; niemand ist ständig strahlender Laune. Es gibt einfach Tage, da geht so manches schief, und man ist entweder nervös, unruhig und zappelig oder schwunglos, müde und depressiv. Kurzum, es sind „Leerseiten-Tage" im „Tagebuch der schönen Stunden". Dennoch kann man sich ein bisschen austricksen, indem man just an solchen Tagen seiner „Lieblingsbeschäftigung" nachgeht, soweit dies eben möglich ist. Lieblingsbeschäftigungen haben mit Talenten und Spezialisierungen zu tun, sie gehen uns federleicht von der Hand oder kosten zumindest keine große Überwindung, und sie zapfen unsere Stärken an und stören sich nicht an unseren Schwächen. Das alles ist genau richtig, um eine angeschlagene Stimmung wiederzubeleben und selbst bei Stimmungsebbe noch passable Leistungen herbeizuzaubern, die unsere Zufriedenheit (mit uns selbst) aufpolieren.

Ich erinnere mich an eine Dame mittleren Alters, die unter starken Stimmungsschwankungen litt. Sie vermochte wundervolle Handarbeiten anzufertigen, raffte sich aber nur an ihren fröhlichen Tagen dazu auf. Wir

Tipp 2: Die Aufmerksamkeit bewusst und sorgfältig lenken!

drehten den Spieß um: Eine bestickte Tischdecke, die sie gerade in Arbeit hatte, musste im Körbchen auf den nächsten „Durchhänger-Tag" warten. Was haben wir gelacht, als die Dame in unserer Gruppe erklärte, dass sich einfach kein „Durchhänger" mehr einstellen wolle, seit sie einen solchen herbeiwünsche, um endlich ihre Tischdecke zu vollenden! Ja, es gibt paradoxe Phänomene, derart, dass manches Unheil herbeieilt, solange wir es fürchten, und uns flieht, sobald wir es gelassen auf uns zu nehmen bereit sind bzw. es sogar humorvoll „einladen, uns zu besuchen".

Eine weitere Strategie kann helfen, sich auf das Positive zu konzentrieren, nämlich eine *bewusste Verschiebung der „Vergleichslatte"*. Menschen vergleichen sich mit anderen Menschen. Das muss nicht schlecht sein, wird aber zu einem ausgesprochenen Übel, wenn die Vergleichslatte immer einseitig angelegt wird, nämlich so: Menschen vergleichen sich mit anderen Menschen, denen es *besser* geht als ihnen, die jünger, tüchtiger, hübscher, reicher, gesünder ... sind als sie, und die (scheinbar) um all dies zu beneiden sind. In der Tat wird es in jedem Augenblick unseres Daseins Leute geben, die vom Schicksal bevorzugt sind. Sie stehen vergnüglich auf der „Sonnenseite" des Lebens, wo wir im Schatten darben. Allerdings weiß niemand, wie lange – das Schicksal ist unberechenbar. Im Spiel des Lebens können Licht und Schatten schnell wechseln. Doch selbst, wenn andere ihr Glück eine Spanne lang festhalten kön-

Wie findet man Positives?

nen, ist das noch kein Grund, es ihnen zu missgönnen bzw. uns im Kontrast dazu zu bemitleiden. Das Gegenteil sollte der Fall sein. Wir sollten uns mit jenen Glücklichen mitfreuen, um danach die Vergleichslatte umzudrehen, nämlich so: Jetzt vergleichen wir uns mit Menschen, denen es *schlechter* geht als uns, die älter, schwächer, ärmer, ungebildeter, kränker ... als wir sind. Und siehe, in der Tat gibt es in jedem Augenblick unseres Daseins bedauerlicherweise auch jene vom Schicksal Benachteiligten, die unser ganzes Mitgefühl verdienen. Es gibt sie zuhauf! Somit darf sich zur Mitfreude mit den „Sonnenkindern" das ehrliche Mitgefühl mit den „Höhlenkindern" gesellen, die in irgendeiner Hinsicht in purer Finsternis hocken, und zusätzlich darf uns die Dankbarkeit durchfluten, dass wir selbst in dieser Hinsicht „nur" im Schatten beheimatet sind, der ja bekanntlich noch genügend Helligkeit zur Orientierung und ungehinderten Mobilität durchlässt.

Eine ähnlich effektive Strategie ist der Rückgriff auf eine *gesunde Trotzhaltung gegenüber sämtlichen Anwandlungen von unfruchtbarem Selbstmitleid und noch unfruchtbareren Selbstbeschuldigungen*. So berichtete einmal ein Teilnehmer einer Dereflexionsgruppe ausführlich über seine Unfähigkeit, sich als Grafiker durchsetzen und seine künstlerischen Entwürfe verkaufen zu können. Er lasse sich zu leicht von jedermann ausnützen und stoße dabei alsbald an eine Barriere von Frustration und Resignation, die seine ursprünglichen

Tipp 2: Die Aufmerksamkeit bewusst und sorgfältig lenken!

Ideale zerschlage. Sein Tonfall wurde immer leiser, seine Mimik immer trauriger. Ich stoppte ihn, weil er sich nicht an unsere Vereinbarung gehalten hatte, und gab ihm die „Sonderaufgabe", bis zu nächsten Gruppenstunde konstruktive Vorschläge zur Überwindung seiner angesprochenen Barriere zu entwickeln bzw. uns zu unterbreiten.

Nach einer Woche meldete er sich munter zu Wort. Er habe sich seine Skizzen und Entwürfe zu Hause noch einmal in Ruhe angesehen und sei zu der Auffassung gelangt, dass es unvernünftig und schade wäre, seine grafische Begabung nicht sinnvoll zu verwerten. Deshalb habe er sich allen Entmutigungen zum Trotz vorgenommen, neue Anstrengungen zu unternehmen, um entsprechende Aufträge zu erhalten. Er habe auch schon Ideen. So wolle er sich vermehrt mit der Restaurierung alter Volkskunstgegenstände beschäftigen und Kontakte mit dem örtlichen Denkmalschutzamt aufnehmen, welches manchmal Sachverständige als freie Mitarbeiter zuziehe. Auch benötigten ländliche Museen zeitweise Instandhaltungsarbeiten an Gemälden und antiken Bauernmöbeln, für die er sich interessiere. Er glaube jetzt wieder daran, bei einiger Ausdauer doch noch im künstlerischen Gewerbe Fuß fassen zu können, zumindest was gelegentliche Projekte betreffe, und dies würde ihn vollkommen zufriedenstellen.

Nun, was sagte die Gruppe zu so viel neuem Schwung? Sie applaudierte.

Die Schatztruhe des Lebens

Alles, was wir bisher über ein neuartiges psychotherapeutisches Gruppenkonzept erörtert haben, ist ohne Schwierigkeiten auf private Bekanntenkreise von Einzelpersonen übertragbar, weshalb ich so detailliert auf dieses Konzept eingegangen bin. Denn auch im Bekanntenkreis ist es nicht opportun, einander zu viel Geklage zuzumuten. Selbstverständlich werden Freunde immer ehrlich miteinander umgehen und daher auch über einschneidende Ereignisse berichten, von denen sie betroffen worden sind. In solchen Fällen wird die Aussprache sie erleichtern, und der seitens ihrer Zuhörer gespendete Trost wird sie aufrichten. Dennoch darf man auch Freunde diesbezüglich nicht überlasten, zumal das Einfühlungsvermögen vieler Menschen heutzutage erheblich geschrumpft ist. Wer die ihm Nahestehenden mit langatmigen und langweiligen Schilderungen seiner täglichen Leiden und Ärgernisse quält, muss sich darauf gefasst machen, dass sich ihre Anteilnahme zunehmend erschöpft und dass ihre Freude an der gegenseitigen Beziehung schwindet. Je mehr Negatives den Leuten zu Gemüte geführt wird, desto stärker „ermüden" sie seelisch und stumpfen innerlich dagegen

Tipp 2: Die Aufmerksamkeit bewusst und sorgfältig lenken!

ab. Man weiß das sehr genau aus der Fernsehkonsumforschung: Je öfter jemand Filme mit tragischem oder kriminellem Couleur in sich „hineinzieht", desto schlimmere Szenen benötigt er, um überhaupt noch etwas fühlen zu können. So sehr er sich von virtuellen Brutalitäten anstecken lässt, so wenig schenken sie ihm an Lebensqualität, weil die anfängliche Spannung, die gewünschten Gruseleffekte und Thrillmomente nachlassen und allmählich ganz aussetzen.

Mein Alternativvorschlag: Man versuche einmal, sich ein paar Wochen lang eine ähnliche freiwillige Selbstbeschränkung aufzuerlegen, wie sie die Teilnehmer einer Dereflexionsgruppe auf sich zu nehmen pflegen, und zu seinen Kollegen und Lieben bewusst vorrangig über erfreuliche Dinge zu sprechen. Man wird staunen, wie die Mitmenschen darauf reagieren. Sie atmen geradezu auf, sie beginnen zu lächeln, sie verspüren Wohlbehagen in der Nähe des Sprechers und suchen also dessen Nähe, sie kommen wieder und wieder: Man wird geschätzt – auf ungeahnte Weise. Es gibt kein besseres Mittel, um sich beliebt und begehrt zu machen, als eine fröhliche Ausstrahlung unter Hervorhebung *wahrer Sachverhalte*, die unsere Zufriedenheit verdienen.

Das Wörtchen „wahr" ist dabei von höchster Wichtigkeit, denn es gibt eine äußerst rührige und lukrative Branche, die exakt mit der eben dargelegten Erkenntnis prächtige Geschäfte macht, und das ist die Werbebranche. Sie ragt diesbezüglich steil aus der Medienland-

Die Schatztruhe des Lebens

schaft heraus. Weder in den Zeitungen und Zeitschriften noch im Fernsehen und Radio steht das Positive im Mittelpunkt, im Gegenteil: Überall wird großes Gewicht auf die Schilderung von Krisen und Gefahren gelegt. Nach dem „Immer-mehr-Motto" (immer mehr Arbeitslose, immer mehr Viruskranke, immer mehr Scheidungen usw.) werden Ängste geschürt und Leser bzw. Zuschauer gewonnen. Verfolgt man regelmäßig die Nachrichten, könnte man geradezu verführt werden, den Glauben an die Menschheit zu verlieren. In krassem Kontrast dazu stehen die Werbeeinblendungen. Da lachen alle Frauen, die ein bestimmtes Waschmittel benützen, da bedanken sich die Lausbuben artig, wenn sie eine gewisse Sorte Schokoladenpudding vorgesetzt bekommen, und da jubeln die Väter, wenn sie den richtigen Wagentyp fahren. Die Benützung des neuesten Rasierwassers oder der Gebrauch einer speziellen Kaffeemarke reicht zum Glücklichsein für einen Tag. Allerdings geht in dieser Gaukelei die „Freude ohne Besitz" unter – sie existiert dort nicht. Geld ist der einzige Schlüssel zur Freude, welch ein Betrug! Dass die Werbung dennoch eine solche Anziehungskraft besitzt, verdankt sie dem Trick mit dem Positiven. Die Menschen sehnen sich ungeheuerlich danach, eine heile Familie zu sehen (und sei es per Waschmittel oder Schokoladenpudding ...), sie möchten fröhliche Mienen und sonnige Gesichter erleben und tappen in die Falle, sich dergleichen nach angebotenem Rezept kaufen zu wol-

Tipp 2: Die Aufmerksamkeit bewusst und sorgfältig lenken!

len, auch wenn sie natürlich wissen, dass die Werbung ihr Glücksversprechen niemals halten kann.

Anders ist es, wenn Personen ihr Augenmerk auf das *wahrhaft Erfreuliche* in dieser Welt legen und es sich und ihren Kollegen und Freunden ins Bewusstsein heben. Meistens sind es nicht käufliche „Dinge", die dabei zum Vorschein kommen, „Dinge" von vermeintlicher Selbstverständlichkeit, Unscheinbarkeit oder Belanglosigkeit, die jedoch, wenn sie genauer betrachtet werden, direkt aus der Schatztruhe des Lebens stammen.

In dieser Schatztruhe befindet sich für jeden von uns eine ganz persönliche Kammer, die zweigeteilt ist. Der erste Teil trägt die Aufschrift: *„Was einem erspart geblieben ist"*, und der zweite Teil trägt die Aufschrift: *„Was einem unverdient gewährt worden ist"*. Der erste Teil der Kammer ist zwar randvoll gefüllt und dennoch wie „vom Winde verweht": Man muss schon kräftigen Denksport betreiben, um ihn im Gedächtnis präsent zu halten. Was ist uns alles in unserem bisherigen Leben erspart geblieben? Verschüttet worden zu sein, verdurstet zu sein, gefoltert worden zu sein, ohne Arme geboren worden zu sein, erblindet zu sein, vor wilden Milizen geflüchtet zu sein – um ein paar von unzähligen Glückszufällen herauszugreifen. Genießen wir das? Na, ich bin skeptisch! Fragen die Psychoanalytiker ihre Patienten nach dem Unheil, das diesen *nicht* widerfahren ist, aber durchaus jederzeit hätte widerfahren können? Davon weiß ich nichts. Die Zielgerade ihrer Fragen weist immer in Richtung erfahrenem Unheil, peilt immer die nachträgliche Betrauerung misslicher Ereignisse an und niemals die nachträgliche Bejubelung einer Verschonung von derlei Ereignissen. Welche Frau (auf der Couch) freut sich, dass sie in ihrer Jugend *nicht* vergewaltigt worden ist? Welcher Mann (auf der Couch) stellt vergnügt fest, dass er in seiner Jugend *nicht* verprügelt worden ist? Welches Kind unserer Zeit ist selig, dass es, statt harte Feldarbeit zu leisten, in die Schule gehen darf? Welcher Arbeitnehmer in unseren Landen lobt sein Schicksal, dass er nicht elend zu betteln braucht? „Glück ist, was einem erspart bleibt", schrieb Viktor E. Frankl in seiner Weisheit – und in welchem Dokument brachte er diese Weisheit zu Papier? In seiner Beschreibung der entsetzlichen Jahre, die er im Zweiten Weltkrieg in insgesamt vier Konzentrationslagern verbracht hat! Wer aus der heutigen Generation verspürt zutiefst Dankbarkeit, dass ihn kein ähnliches Los ereilt hat? Riskieren wir gelegentlich einen Blick in diesen Teil unserer persönlichen Schatzkammer, und wir werden uns reich preisen, vielleicht nicht an baren Münzen, wohl aber an einem wundersamen Beschützt-worden-Sein auf dem langen Weg unserer Lebensgeschichte.

Auch der zweite persönliche Kammerteil in unserer Schatztruhe ist nicht zu verachten: *„Was einem unverdient gewährt worden ist"*. Manch Herrliches ist uns

Tipp 2: Die Aufmerksamkeit bewusst und sorgfältig lenken!

einfach in den Schoß gefallen, als hätte es „der Wind zu uns hergeweht". Der eine findet ein Talent vor, zum Malen, zum Singen, zum Werken, zum Rechnen ..., das alles ist sehr nützlich und kann bei fleißiger Übung zu Anerkennung und Toperfolgen führen. Ein anderer findet eine grandiose elterliche Mitgift vor, einen Grundbesitz, eine spezielle kulturelle Förderung, ein herausragendes ethisches Vorbild oder schlichtweg ein Nest voller Liebe ..., was ihn in seinem Werdegang enorm beflügelt hat. Wiederum ein anderer ist mit strotzender Gesundheit ausgestattet, die ihn für große Strapazen, ausgedehnte Trekkingtouren, Bergbesteigungen, Wildwasserfahrten etc. qualifiziert und trotz gelegentlichen Blessuren nicht an Kondition verlieren lässt. Und so geht es fort: Fast jedermann hat im Lauf seiner Entwicklung Gaben geschenkt bekommen, die er nirgendwo „bestellen" und sich nirgendwie „verdienen" konnte, die ihm aber eine gewisse Starthilfe ins eigenverantwortliche Dasein gewähren, sofern er sie zu verwenden wagt und weiß.

Allmählich fängt man in den Heilberufen an, neben der Fahndung nach Krankheitsursachen auch die sogenannten Ressourcen der Kranken zu orten, um diese zu Heilungszwecken anzuzapfen. Ein sehr vernünftiges Unterfangen, denn Vorwärts- und Aufwärtsbewegungen geschehen stets nur mittels Stärken, wohingegen Schwächen Bewegungen einbremsen und Stillstand herbeiführen. Deshalb ist es klug, seine eigenen Potenziale

Die Schatztruhe des Lebens

und Vorteile zu kennen, nicht in Überheblichkeit, sondern im Bewusstsein, dass es sich um reine Gnadengaben handelt, die uns geliehen sind auf Zeit und zum Gebrauch zum Wohle aller unserem Wirkungskreis Zugehörigen, inklusive uns selbst. Ein regelmäßiger Blick in den zweiten Teil unserer persönlichen Schatztruhenkammer sorgt somit dafür, dass wir diese Gaben nicht vergessen, speziell dann, wenn wir wieder einmal gehörig „mit Gott und der Welt" hadern, kleinlich und verzagt sind oder irrtümlich glauben, im Universum mutterseelenallein mit unserem Kummer ausgesetzt zu sein. Es stimmt schon, dass wir „im Letzten" allein sind, doch eben allein mit jener Gnade, die von Anfang an unser Leben durchwaltet hat und es behutsam zu seiner Bestimmung weitergeleitet.

Der Hund im Spiegelkabinett

Die zweigeteilte persönliche Kammer in unserer Schatztruhe besitzt Türen zu anderen Kammern, die ebenfalls Kostbares enthalten. Kostbares, das *außerhalb* von uns selbst existiert und insofern von unserer Warte aus gesehen „unpersönlich" ist, sich aber uns offenbart – und insofern *doch* zu unseren Schätzen zählt. Bei seelisch stabilen Menschen sind die Türen zwischen den Kammern weit geöffnet. Da sind Räume gefüllt mit den Wundern der Natur. Da sind Räume, gefüllt mit den Zeugnissen der menschlichen Kultur. In ihnen befinden sich wiederum Kammern, gefüllt mit den Erkenntnissen der Wissenschaften, und andere, gefüllt mit den Schönheiten der Künste. Es gibt Räume, in denen die Fantasie daheim ist, und andere, in denen der Glaube wohnt. Es gibt Räume, die die Erfindungen beherbergen, und solche, wo sich die Entdeckungen stapeln. In ihnen wiederum befinden sich Kammern mit technischen Errungenschaften, medizinischen Fortschritten oder demokratischen Entwicklungen, und so fort. Freilich zählt zu „unseren" Schätzen jeweils nur der Anteil am Großen und Ganzen, der uns gerade zugänglich ist. Wovon wir keine Ahnung haben, dazu besitzen wir auch keine Tür. Aber es bleibt genug Areal, das wir durchschreiten können, und jede Investition in die Bildung, die wir tätigen, vergrößert es.

An dieser Stelle möchte ich noch einmal auf die von mir kreierte Dereflexionsgruppe zurückkommen. Es war für mich hochinteressant zu beobachten, wie die Teilnehmer, die sich ja nun plötzlich ungewohnterweise auf das Positive konzentrieren mussten, fast immer zunächst das im Alltag positiv Erlebte erzählten, aber nach einigen Wochen begannen, des Positiven in ihrer Außenwelt gewahr zu werden. Eine Tür nach der anderen öffnete sich in ihren Schatztruhen, und am Ende leuchtete ein besonderes Juwel auf: das Du. Ihre Mitmenschen wurden vermehrt in ihrer Einzigartigkeit und Werthaftigkeit erschaut, in einer Zugewandtheit, die nichts von ihnen will und die sie annehmen kann, wie sie sind.

Ich denke an einen körperbehinderten Herrn, der auf seinen früheren Auslandsreisen Filme gedreht hatte. Er entschloss sich spontan (statt wie bisher seiner Reisefähigkeit nachzutrauern), aus seinem Filmarchiv exzellente Dokumentationen anzufertigen, die er den Gruppenteilnehmern, aber auch seinen Freunden vorführte, was bei den Zuschauern Begeisterungsstürme hervorrief. Ein anderer ziemlich schüchterner Herr entpuppte sich als Homöopathieexperte. Bald getraute er sich, in der nahe gelegenen Volkshochschule Bücher und In-

Tipp 2: Die Aufmerksamkeit bewusst und sorgfältig lenken!

---

formationsmaterial zu diesem Fachgebiet auszulegen, woraufhin er etliche Anfragen erhielt. Das unerwartete Echo ermutigte ihn, einem Homöopathieclub beizutreten, sein Wissen dort nachhaltig zu vertiefen und später eine kleine „Sprechstunde" in jener Volkshochschule einzurichten, in der er Ratsuchenden Ratschläge erteilte. Ferner ist mir eine verwitwete Dame in Erinnerung geblieben, eine ehemalige Lateinprofessorin, die antike Stoffe und Sagen auf moderne Art zu interpretieren wusste und damit verblüffende Parallelen zwischen den „alten Griechen und Römern" und den Menschen unserer Zeit zu ziehen vermochte. Ihr kam die Idee, Schüler und Schülerinnen des humanistischen Gymnasiums ihrer Stadt einmal im Monat zu einer Diskussionsrunde einzuladen und ihnen anhand der historischen Texte Anregungen für heute zu vermitteln. Da die Eltern der Buben und Mädchen sich alsbald dieses Vergnügen nicht entgehen lassen wollten, musste sie ihre Monatsrunde in die Sporthalle des Gymnasiums verlegen, weil in ihrem geräumigen Wohnzimmer kein Platz mehr war. Man sieht: Mit dem Betreten der Schatzkammern, in denen sich Personen und wertvolle Inhalte der Außenwelt abbilden, gewannen die Gruppenteilnehmer an Schwung, Elastizität und Innovationskraft. So manchem von ihnen wurden auf einmal die Abende und Wochenenden zu kurz – Leuten, die wenige Monate zuvor über triste Abende und leere Wochenenden geklagt hatten!

Der Hund im Spiegelkabinett

Die Freude hat demnach nicht nur mit einer Bewusstheit der eigenen Ressourcen und „Unglücksersparnisse" zu tun, sondern erheblich auch mit einem Blick „über den eigenen Tellerrand hinaus" – hinein in die Fülle der Welt und in die Gesichter der Mitmenschen. Eine indische Sage symbolisiert diesen Sachverhalt sehr anschaulich:

Einst verirrte sich ein Hund in ein Spiegelkabinett, in dem sich rundum an den Wänden nur Spiegel befanden. Er setzte sich zuerst in die Mitte und schaute um sich, aber wohin er auch blickte, er sah nur sich selbst, nämlich wieder einen Hund. Die vielen Hunde irritierten ihn; er begann die Zähne zu fletschen und zu knurren. Als er bemerkte, dass auch alle anderen Hunde vor, seitlich und hinter ihm die Zähne fletschten, sträubten sich seine Haare, und er bekam es mit der Angst zu tun. Er bellte den nächstbesten Hund an, und dieser bellte zurück, und mit ihm jeder andere Hund. In seiner Aufregung bemerkte der Hund gar nicht, dass kein fremdes Bellen zu hören war, er sah nur die wütenden Gesichter um sich herum und begann zu laufen. Erst lief er langsam, aber die anderen Hunde liefen ständig mit ihm, so lief er schneller und schneller, doch die anderen Hunde blieben ihm auf den Fersen; er konnte sie nicht abschütteln. Da packte den Hund das Entsetzen, er setzte zu letzten gewaltigen Sprüngen an, um den ande-

Tipp 2: Die Aufmerksamkeit bewusst und sorgfältig lenken!

ren keuchenden Hunden zu entrinnen, jagte Stunden um Stunden im Kreis und brach schließlich mitten im Raum tot zusammen, von niemand anderem gehetzt als von seinem eigenen Spiegelbild.

Das ist eine exakte Beschreibung des egozentrischen Menschen, der auf ähnliche Weise gefangen und an sich selbst ausgeliefert ist wie der Hund in der Fabel. Irritation, Angst, Entsetzen sind auch im realen Leben die Folgen solch geistiger Isolation, weil die Sehnsucht nach Sinn wie in einem Vakuum erstickt. Alle Aufmerksamkeit ist auf sich selbst zurückgebogen. Man entkommt sich selber nicht, kreist nur um die eigenen Belange, keuchend und gehetzt von inneren Ängsten und Trieben, und stirbt allmählich – einen seelischen Tod.

Als ich einst Teilnehmer einer Dereflexionsgruppe verabschiedete und ihnen zum Schluss die obige Geschichte vorlas, erfassten sie sofort deren warnende Botschaft. Ich fragte sie, ob sie glaubten, dank unserer Gespräche zumindest so viel Standfestigkeit mitnehmen zu können, dass kein „Spiegelkabinett" sie künftig mehr dazu verlocken werde, sich von der Außenwelt abzukapseln und in eine sich immer enger zuschraubende Selbstsucht zu geraten. „Ja", riefen sie wie aus einem Munde, „unsere Spiegel sind zerbrochen und – Scherben bringen Glück, nicht wahr?" Die Gruppe klang aus mit einem Lachen.

Ein anderes Mal verabschiedete ich eine Gruppe mit ernsteren Worten, weil sich in ihr mehrere Personen befanden, die von Kümmernissen tief gebeugt waren. Ich sagte zu ihnen ungefähr Folgendes: „Sie haben Schweres mitgemacht, Ihre psychische Verfassung war keinesfalls immer die beste, und dennoch haben Sie im Laufe unserer Gruppenarbeit viel Bejahenswertes in sich und um sich herum entdeckt und zu einer gewissen gelassenen Zufriedenheit gefunden. Bitte verlieren Sie diese nicht, wenn wieder einmal eine ‚Schicksalsprüfung' auf Sie zukommen sollte. Eine solche kann Ihre Gefühle belasten, Ihr Wohlbefinden beeinträchtigen und so manche Wunschbefriedigung unmöglich machen. Sie kann auch Ihre Besitztümer überflüssig werden lassen. Aber das Erfreuliche, das Sie in Ihrem Leben erfahren oder selber geschaffen haben, kann niemand und nichts mehr auslöschen. Und sollten Sie mit einer unheilbaren Krankheit darnieder liegen, sogar dann bleibt das Positive Ihres Lebens Ihr unantastbares Eigentum, das Sie in Ihren Gedanken bewahren können bis zuletzt. Keinerlei Leideinbruch kann die Niederschriften in Ihren persönlichen ‚Tagebüchern der schönen Stunden' ausradieren, denn was Sie da hineingeschrieben haben, bleibt Ihrem Leben zugehörig, ein für allemal. Es ist die wahre Ernte Ihres Lebens." Die Teilnehmer drückten mir bewegt die Hände.

Vom „entweder" und vom „oder"

Fassen wir Tipp 2 zusammen: Wir – und wir allein – bestimmen, wohin wir unsere Aufmerksamkeit lenken. *Entweder* wir lenken sie auf die Tragödien, die sich überall innerhalb und außerhalb unseres eigenen Horizonts abspielten und weiterhin abspielen, *oder* wir lenken sie auf die Kostbarkeiten, die in unsere vergangene und gegenwärtige Existenz und ihr Umfeld eingestreut sind. Wir haben die Wahl. Haben wir sie? Na ja, ich gebe zu, das „oder" ist dem „entweder" nicht ganz ebenbürtig. Denn das „entweder" (wir lenken unsere Aufmerksamkeit auf die Tragödien) packt uns, fesselt uns und drängt sich uns auf. Alles Negative zieht unsere Aufmerksamkeit mächtig an. Kaum, dass wir uns versehen, rutschen wir gedanklich in seinen Sog, und sei es nur das Wetter, das uns am heutigen Tage zu heiß, zu kalt, zu nass, zu windig, zu wechselhaft ... erscheint. Das „oder" (wir lenken unsere Aufmerksamkeit auf die Kostbarkeiten) verfügt nicht annähernd über eine vergleichbare Dominanz. Es rührt nicht an unserer Aufmerksamkeit. Alles Positive muss mühsam ausgespäht werden, es ist sozusagen zur ständigen Fahndung ausgeschrieben. Jemand erkrankt mit 50 Jahren an einem Karzinom. *Entweder* er konzentriert sich auf dieses Malheur und verzweifelt daran, *oder* er verneigt sich in Dankbarkeit vor einem halben Jahrhundert behüteter Lebenszeit, das ihm gewährt worden ist, und nützt die restlichen Jahre in Demut und Gefasstheit. Jemand scheitert in der Partnerschaft. *Entweder* er erachtet sein Dasein deshalb als sinnlos und verfällt einer Apathie, *oder* er erkennt die Chancen eines beruflichen bzw. anderwärtigen Höchst-Engagements, die ihm durch sein Singledasein erwachsen. Jemand muss in einem Pflegeheim untergebracht werden. *Entweder* er reagiert wütend darauf und weint seinem bisherigen Zuhause nach, *oder* er begreift, welch enorme Hilfe und Unterstützung sich ihm jetzt bietet und wie wenig selbstverständlich es ist, dass er sich einen solchen Luxus überhaupt gönnen kann.

Wie leicht fliegt uns das „entweder" zu, und wie schwer ist es, sich zum „oder" durchzuringen! Selbst ein bewusstes Registrieren von angenehmen Wetterbedingungen, etwa der Absenz von Hagel, Gewitterstürmen, Hitzewellen oder Überflutungen, das babyleicht wäre, gelingt uns nur an seltenen Tagen. Bevorzugt sind da schon jene Menschen, die wenigstens *beides* wahrnehmen, das „entweder" *und* das „oder", und sich nicht mit Haut und Haaren dem „entweder" unterwerfen. Diejenigen aber, die sich mit der Kraft ihres Willens

Tipp 2: Die Aufmerksamkeit bewusst und sorgfältig lenken!

---

entschieden dem „oder" zuwenden und ihr Herz an das Gute binden, sind die Gewinner in des Lebens Lotterie. Sie finden immer einen Anlass zur echten Freude – und als Draufgabe schenkt ihnen ihr Organismus so viel psychosomatische Gesundheit, wie ihm jeweils gerade möglich ist.

Eine in mehrerer Hinsicht interessante Fallgeschichte soll dies verdeutlichen. Besorgte Eltern einer jungen Muslimin kamen einmal zu mir und baten mich dringend, mit ihrer Tochter zu sprechen. Sie befinde sich in einer Rehabilitationsklinik, würde aber sämtliche ärztlichen Maßnahmen boykottieren und demgemäß auch keinerlei Fortschritte machen. Ich lud die junge Frau zum Gespräch ein und erfuhr den Hintergrund ihrer Totalverweigerung. Sie war eine in Deutschland geborene Türkin und pendelte zwischen zwei Kulturen hin und her. Streng in den Traditionen ihres Herkunftslandes erzogen, strebte sie dennoch danach, eine moderne und gebildete Frau zu werden. Sie hatte das Gymnasium mit guten Noten absolviert und sich danach zu einem Studium entschlossen. Um sich diesem ganz widmen zu können, war sie in ein Studentenwohnheim gezogen und lernte dort wie eine Besessene. Eines Tages erkrankte sie an hohem Fieber, stand jedoch knapp vor einer wichtigen Prüfung, was sie bewog, eisern weiter zu lernen. Nächtelang saß sie über ihren Büchern und ignorierte ihren sich rapide verschlechternden Gesundheitszustand. Sie bekam – wie sich später herausstellte – eine Herzmuskelentzündung, die sich alsbald rächte: Eines Abends erlitt sie einen Herzstillstand und fiel vom Schreibtischstuhl zu Boden. Ihre Zimmernachbarin hörte den dumpfen Aufprall und kam angelaufen. Fieberbetäubt hatte die junge Muslimin vergessen, ihre Türe abzusperren, weshalb die Nachbarin eintreten konnte und die Bewusstlose fand. Zufällig wohnte in derselben Etage ein Medizinstudent, der ebenfalls herbeieilte und dem es gelang, die Bewusstlose zu reanimieren. Ein Rettungshubschrauber schaffte sie schließlich ins Krankenhaus. Nach Aussagen der behandelnden Ärzte hatte sie Glück im Unglück, denn die kortikalen Ausfälle hielten sich in Grenzen, allerdings benötigte sie nach ihrer Genesung intensive Übungen zur Kompensation dieser Ausfälle, und ob sie jemals wieder in der Lage sein würde, ihr Studium fortzusetzen, ließen die Ärzte offen. Soweit die Geschichte, nur: Man konnte die Patientin zu keinerlei Übungen bewegen und vermutete daher das Vorliegen einer hirnorganisch bedingten Depression mit entsprechend düsterer Prognose. Es sah aus, als habe sie sich aufgegeben.

Ich lauschte dem Bericht der jungen Frau mit Anteilnahme, und siehe da, sie fasste Vertrauen zu mir. Ich besaß wohl einen „Bonus" gegenüber den Ärzten, weil ich genau diejenige Identität verkörperte, nach der sie sich sehnte, nämlich die Identität einer gebildeten, er-

Tipp 2: Die Aufmerksamkeit bewusst und sorgfältig lenken!

---

folgreichen Frau. Als sie geendet hatte, schwieg sie eine Weile, dann hob sie plötzlich die Augen und fragte mich geradeheraus: „Glauben Sie an Gott?" Ich war überrascht. Als Psychotherapeutin hätte meine Antwort eigentlich lauten müssen, dass ich für Glaubensinhalte nicht zuständig sei und sie sich, wenn es darum gehe, an einen islamischen Seelsorger wenden möge. Aber ich spürte, dass ich hier als Mensch angefragt war, nicht als Spezialistin für irgendein Fachgebiet. Und so antwortete ich auch schlichtweg als der Mensch, der ich eben bin, und sagte „Ja". Sie nickte heftig: Ja, sie auch. Sie glaube an Allah. „Gewiss", murmelte ich, „ist das auch ein schöner Name für Gott ..." Da brach es wie ein Donnerwetter aus ihr heraus. Allah habe sie gestraft! Allah habe sie mit seiner Faust zu Boden geschmettert! Freilich, sie habe Schweinefleisch gegessen, sie sei nicht mehr regelmäßig in die Moschee gegangen, und jetzt habe er sich an ihr gerächt. Er habe sie fallen lassen!

Erschrocken wurde ich Zeugin dieses Ausbruchs, Ausdruck eines strafenden Gotteszerrbildes. „Armes Kind!", dachte ich mir und schüttelte den Kopf. „Hören Sie", begann ich sehr ruhig und sehr ernst, denn es stand viel auf dem Spiel, „haben Sie überhaupt eine Ahnung, wie klein wir Menschlein sind und wie groß Allah ist? Wir stehen zu ihm wie die Ameisen zum Gestirn der Milchstraße im Weltall. Und *Sie* wollen Allah durchschauen, *Sie* wollen seine Absichten kennen und ihm gar menschliche Züge wie Kleinlichkeit und Rachsucht andichten? Seit wann können die Ameisen die Planetenbahnen berechnen und die Sonneneruptionen analysieren? Ich flehe Sie an, kehren Sie zur Bescheidenheit zurück und neigen Sie sich tief vor der Unbegreiflichkeit unseres Schöpfers. Interpretieren Sie seine Taten nicht – Sie irren sich dabei garantiert!" Die junge Muslimin sah mich nachdenklich an. Meine Argumente schienen ihr einzuleuchten. „Im Übrigen möchte ich Ihnen ehrlich sagen", fuhr ich fort, „wie Ihre Geschichte auf *mich* wirkt. Dass Sie einen Herzstillstand erlitten haben, dazu brauchen wir Allah nicht zu bemühen. Das lässt sich medizinisch perfekt erklären. Das hohe Fieber, die durchwachten Nächte, der Raubbau an den Kräften Ihres Körpers, den Sie betrieben haben ..., das alles genügt schon zur Erklärung Ihres Zusammenbruchs. Aber *wenn* es etwas gibt, das nicht so leicht zu erklären ist, dann sind es die vielen Zufälle, die Ihr Leben *gerettet* haben. Zufällig war Ihre Nachbarin um Mitternacht noch wach und schlief nicht fest. Zufällig haben Sie an jenem tragischen Abend vergessen, Ihre Türe zuzusperren, was Sie doch sonst immer taten. Zufällig war der Medizinstudent von derselben Etage nicht in einem Tanzlokal oder auf einer Skitour, sondern exakt in Ihrer Nähe und vermochte, Erste Hilfe zu leisten. Und zufällig war der Notdienst-Hubschrauber nicht im Einsatz, womöglich gar Hunderte Kilometer entfernt, sondern startklar, um Sie zu holen ..., liebe

Tipp 2: Die Aufmerksamkeit bewusst und sorgfältig lenken!

Frau, so viele Zufälle! Wenn wir uns wirklich in die Ära der religiösen Spekulation begeben wollen, dann will mir eher scheinen, als ob Allah Sie *aufgehoben* hätte, *behutsam vom Boden aufgehoben*, auf dem Sie praktisch wie tot lagen, und ins Leben zurückgeschickt hätte, weil Sie hier noch gebraucht werden und noch eine Mission zu erfüllen haben."

Die Augen der jungen Muslimin schimmerten feucht. „So ist das also?", flüsterte sie. „Dann hat mich Allah doch lieb?" Ich lächelte sie an, und langsam, ganz langsam erwiderte sie mein Lächeln. Von der Stunde an übte sie fleißig an ihrem „Comeback" mit dem Ehrgeiz, ihr Studium wieder voranzutreiben, und ich hoffe sehr, dass ihr dies auch gelungen ist. Jedenfalls war damals von einer organischen Depression weit und breit keine Spur; das Problem hatte nur darin bestanden, vom „entweder" (Allah hat mich niedergeschmettert) zum „oder" (Allah hat mich aufgehoben) hinüberzuwechseln, und das heißt von der Verzweiflung am „entweder" zur Dankbarkeit für das „oder". Grund genug gab es ja für beides, aber die junge Frau hat sich für das eindeutig Bessere (und Wahrere?) entschieden.

Tipp 3:

*Möglichst
auf Spekulationen
verzichten!*

Der Pfarrer
und das Bohnerwachs

Tipp 3 schließt sich nahtlos an das Gesagte an und lautet: *Möglichst auf Spekulationen verzichten!* Obwohl hier kein Finanzgebaren gemeint ist, passt dieser Tipp auch hervorragend zum Bankwesen, wie uns die jüngste Wirtschaftskrise hautnah demonstriert hat. Was hier jedoch gemeint ist, ist die verbreitete „Unsitte", bei unerfreulichen Ereignissen sofort und überall ursächliche Querverbindungen zu wittern, sich laienhafte Deutungen zusammenzubasteln und statt Kaninchen Sündenböcke aus dem Hut zu zaubern. Ich gebe zu, dass der Vulgärjournalismus auf diese Weise zu seinen Schlagzeilen kommt, was die „Unsitte" noch schürt. Faktum ist jedoch, dass die wenigsten Spekulationen, die hauptsächlich auf Vermutungen basieren, ins Schwarze treffen. Faktum ist ferner, dass sich das „Schwarze", also eine wissenschaftlich haltbare Erklärung vorkommender Ereignisse, dem menschlichen Auge mitunter derart verhüllen kann, dass wir bloß noch Sokrates' Bonmot wiederholen können: „Wir wissen, dass wir nichts wissen." Welch ein böser Stachel uns da im Fleische sitzt! Also lieber doch spekulieren? Nun, ich rate davon ab. Was sich mittels gründlicher und seriöser Ursachenforschung nicht aus dem Verborgenen holen lässt, das verbleibt im Geheimnis, und wohl dem, der sich „vor dem Geheimnis zu beugen vermag", um Viktor E. Frankl zu zitieren. Warum ist ausgerechnet er in einer judenfeindlichen Epoche geboren worden und aufgewachsen? Warum ist seine geliebte erste Frau im Holocaust umgekommen, während er wie durch ein Wunder überlebt hat? Warum ist ein Philosoph von Weltruhm mit dem Schierlingsbecher belohnt worden? Und noch dazu die schrecklichste, unfruchtbarste und „unerlaubteste" aller Fragen: Wie kann es eine Gnadenmacht über uns geben, die dergleichen ungerührt zulässt ...? Sokrates und Frankl waren weise Männer, die sich zur Grenze unseres Verstandes bekannten und kein Problem damit hatten, dass eine Reihe von Antworten jenseits dieser Grenze angesiedelt sind. Mögen sie dort liegen! Diesseits unserer Verstandesgrenze liegt noch genug, auf dass wir das Unsrige tun können, um Unheil zu verhindern bzw. zu lindern, wo nur irgendwie möglich. Den Rest dürfen wir vertrauensvoll übergeben – an eben jene Gnadenmacht, die sich seit Urgedenken jeglicher Hinterfragung entzieht.

Spekulationen finden auch rund um mein eigenes Fachgebiet statt. Die Geschichte der Psychologie und Psychotherapie ist voll davon. Mittlerweile sind die echten Profis vorsichtiger geworden, was sich bei den „Halbprofis" leider noch nicht herumgesprochen hat.

Tipp 3: Möglichst auf Spekulationen verzichten!

Das folgende Beispiel soll diesbezüglich lehrreich sein: Ein Pfarrer nahm wegen häufiger Migräneanfälle eine psychotherapeutische Behandlung in Anspruch. Seine Migräneanfälle traten regelmäßig nach anstrengenden Gemeinderatsitzungen auf, bei denen er mit den Gemeindehonoratioren zusammentraf, um diverse örtliche Angelegenheiten zu bereden. Meistens litt der Pfarrer schon am Tag danach an Migräne, und selbstverständlich nahm jedermann an, dass der Stress dieser Zusammenkünfte und die allfälligen Auseinandersetzungen, die dabei unvermeidlich waren, seine später einsetzenden Kopfschmerzen verursachten. Dass Laien solche Schlussfolgerungen ziehen, ist nicht weiter verwunderlich, dass aber auch der Psychotherapeut des Pfarrers vorschnell in dieselbe Kerbe schlug, war eindeutig ein „Kunstfehler". Sein Konzept lief darauf hinaus, dass der Patient lernen müsse, sich angstfrei *coram publico* zu äußern und seinen Ärger aus den Gemeindediskursen besser „aufzuarbeiten". Diese therapeutischen Weisungen erzeugten eine zunehmende Verunsicherung beim Pfarrer, der sich bald seiner selbst nicht mehr sicher war, nachdem er so viel über seine angeblichen Ängste und Konflikte nachgrübeln musste. Ständig sollte er bekennen, welche seelischen Hemmungen ihn in Gesellschaft anderer Leute bedrückten und welche heimlichen Aggressionen er zu verstecken trachtete. Mit der Zeit glaubte er wirklich daran, voller Komplexe und unausgesprochener Abwehrgefühle zu

Der Pfarrer und das Bohnerwachs

sein, was ihn an der weiteren Ausübung seines Berufes hinderte. Es geschah, dass er sogar bei der sonntäglichen Predigt, bei der er noch niemals Schwierigkeiten gehabt hatte, ins Stottern geriet, weshalb er um Dispensierung von seinem Amt bat und sich in ein Kloster zurückzog.

Aber auch dort traten seine Migräneanfälle wieder auf, sogar vermehrt, sodass er sich endlich entschloss, noch einen anderen Facharzt zu konsultieren. Der neu hinzugezogene Arzt, ein Spezialist für Allergien, fand schnell heraus, dass der Patient an einer ausgeprägten Allergie auf eine bestimmte Sorte von Bohnerwachs litt. Die Geruchsreize dieses chemischen Mittels lösten bei ihm eine vorübergehende Vasokonstriktion (Verengung) in den cranialen Gefäßen aus, die ihrerseits in eine kritische Vasodilatation (Erweiterung) umschlug, wobei das Gewebshormon Neurokinin in die Blutbahn gelangte, welches schmerzschwellensenkend wirkt und für das Einsetzen der Kopfschmerzen verantwortlich war. Ab da dauerte es nicht mehr lange, bis festgestellt wurde, dass sowohl der Boden des Gemeindesaales, in dem die Gemeinderatsitzungen stattfanden, als auch der Boden des großen Speisesaales im Kloster mit eben diesem Bohnerwachs gepflegt wurden! Der Pfarrer war „rehabilitiert", aber in seine Gemeinde ist er nicht mehr zurückgekehrt.

Diese Krankengeschichte zeigt, wie falsch Spekulationen sein können und wie sehr solch irreale Spekula-

Tipp 3: Möglichst auf Spekulationen verzichten!

---

tionen unliebsame, aber durchaus reale Folgen zeitigen können. Im Übrigen gestatte ich mir die Bemerkung, dass derselbe Pfarrer in einer Dereflexionsgruppe ermutigt worden wäre, zu berichten, was alles an Positivem in den Gemeinderatsitzungen, denen er angehörte, verhandelt und beschlossen werde, was ihn in der Überzeugung bestärkt hätte, dass seine Kopfschmerzen wohl kaum mit diesem Engagement zu tun haben mögen. Vielleicht hätte ihn das schon früher motiviert, sich fachärztlich durchchecken zu lassen.

Es stimmt, dass die Geschichte der Psychotherapie mit einem „Minuszeichen" begonnen hat: Der Akzent wurde auf das Krankhafte und Abartige gelegt, das es im scheinbar Normalen und unbewusst unter den Teppich Gekehrten aufzudecken galt. Die nächsten Stufen der Psychotherapie, die man erklommen hat, führten zur Zielsetzung höchstmöglicher Indifferenz und Werteneutralität, die sich, wie sich bald herausstellen sollte, nicht effizient praktizieren ließ. Heute wissen wir, dass wir eine Psychotherapieform „unter dem Vorzeichen des Plus" brauchen, und dabei ist es außerordentlich hilfreich, sich an das Franklsche Gedankengut anzulehnen.

Was nun meinen Tipp anlangt, so kann ich jeder Leserin und jedem Leser nur empfehlen, im Falle unvorhergesehener misslicher Ereignisse auf spekulative Rätselratereien zu verzichten und sich seriöse Informationen zu besorgen bzw. unabänderliche Tatsachen he-

Der Pfarrer und das Bohnerwachs

roisch hinzunehmen, wie sie nun einmal sind, ohne ihnen ein psychologisch verbrämtes Mäntelchen umzuhängen. Es wird ihre Freude am Leben weniger eintrüben, als wenn sie sich mit einer Ursachenforschung abquälen, die am Sachverhalt doch nichts verbessert und „mutmaßliche Schuld" verstreut, wo eher Trostbedürftigkeit herrscht. Wissenschaftliche Aufklärung und divines Geheimnis sind keine Gegenspieler, sondern die Eckpunkte, zwischen denen das rechte Vertrauen schwingt. Man denke an den erwähnten Pfarrer: Mit der Aufklärung, dass er auf Bohnerwachs allergisch ist (es also meiden sollte), und mit dem Beugen vor dem Geheimnis, warum gerade er mit solch einer Allergie behaftet ist (während andere Menschen es nicht sind), hätte (und hat wahrscheinlich auch) die Freude wieder ungehindert in sein Leben Einzug halten können.

Tipp 4:

*Man halte
gelegentlich inne
und starte
sein Leben neu!*

Das Häuschen der „Großtante"

Mein vierter Tipp ist wahrscheinlich einer der wichtigsten: *Man halte gelegentlich inne und starte sein Leben neu!*

Was das heißen soll? Nun, der Mensch ist zwar klüger als das Tier, aber nicht unbedingt klüger als das „Gewohnheitstier" in ihm selbst. Er ist ein schrecklich träges Unikum und stapft manchmal jahrzehntelang im selben Trott dahin. Es kostet ihn erhebliche Überwindung, eingefahrene Ansichten zu korrigieren, geliebte Laster aufzugeben, veraltete Strukturen loszulassen, überflüssigen Besitz herzugeben oder unpassende Zeitpläne zu ändern. Zu allem Unglück nimmt die geistig-seelische Flexibilität mit fortschreitendem Alter auch noch rapide ab, wodurch die Chancen zur Erneuerung bzw. Intensivierung der Lebensfreude ungenützt verfliegen. Ich möchte deshalb im Folgenden ein Gleichnis anbieten, das sich in der psychotherapeutischen Praxis bewährt hat, um Menschen, die irgendwie „feststecken", zu einer „Initialzündung" zu verhelfen, mittels der sie ihr gegenwärtiges Leben „umzukrempeln" vermögen.

Das Häuschen der „Großtante"

Zum Verständnis des Gleichnisses sind allerdings zwei Erkenntnisse notwendig. Die erste besagt, dass alles, wirklich alles Geschenk ist (im Gleichnis: ein uns zufallendes „Erbe"). Die zweite besagt, dass ein Neuanfang immer nur in der Gegenwart stattfinden kann, oder umgekehrt: dass jede Gegenwart (und nur sie allein) den Keim zum Neuanfang in sich birgt. Wer also sein Leben in konstruktiver Weise umgestalten möchte, muss die Geschenke seiner Gegenwart würdigen, aufgreifen und fruchtbar machen. Wie das gelingen kann?

Hier mein Gleichnis:

Man stelle sich vor, man habe von einer kürzlich verstorbenen, unbekannten Großtante ein Häuschen geerbt und beschlossen, es zu bewohnen. Was würde man in diesem Falle tun? Viele Varianten sind denkbar, aber in gewissen Punkten würden sie sich alle ähneln.

1. Man würde das Häuschen in Augenschein nehmen. Es also besuchen und durch die Räume schlendern, um einen Ersteindruck zu gewinnen.

Sollte dieser Eindruck gut sein, würde ein Schimmer zarter Vorfreude aufkeimen über das einem zugefallene Glück.

Sollte der Ersteindruck betrüblich sein, würde eher eine Gefühlsmischung von einem Besitz ergreifen. Bestürzung und Enttäuschung würden sich mit frühen Änderungsideen und Renovierungsfantasien abwechseln.

Tipp 4: Man halte gelegentlich inne und starte sein Leben neu!

Innere Ablehnung würde einem gesunden Trotz weichen. Was man so nicht wollte, müsste eben anders werden.

2. Man würde wiederkehren mit festen Plänen im Gepäck. Um sich im Häuschen einzurichten, müsste altes Gerümpel hinaus, und das hieße: aussortieren. Manch Altes könnte wertvoll sein, obwohl die Neigung dazu fehlt. Anderes könnte Ramsch sein und gefiele dennoch. Manches wäre schlichtweg brauchbar, aber über gewisse Brauchbarkeiten müsste noch nachgedacht werden. Wovon sollte man sich trennen, wofür würde Platz benötigt? Was hätte ausgedient, was sollte aufgehoben werden?

Die Bestandsaufnahme würde bald das Stadium des Plus- und Minus-Austeilens erreichen, die vorgefundenen Dinge würden in Bezug zur eigenen Existenz gesetzt.

3. Nach dem Klären käme das Handeln. Die buchstäblich aufgekrempelten Ärmel wären an der Reihe. Das Wegschaffen des Überflüssigen und Aussortierten würde Räume zur Verschönerung freigeben. Die persönliche Note würde noch vor der Person Einzug halten, indem sich die Atmosphäre des Häuschens wandelte. Licht und Farbe, frischer Wind und gefegte Ecken würden den Boden vorbereiten für eine neue Ära. Das Häuschen der Großtante würde allmählich in der Ver-

gangenheit versinken, das Häuschen des Erben in die Zukunft hinein entstehen.

4. Die nächsten Wochen, vielleicht Jahre, wären mit dem Aufbau der eigenen Wohnkultur ausgefüllt. Stück für Stück käme hinzu, würde verworfen oder eingeordnet, würde seinen Platz finden und seinen Sinn haben. Während der ganzen Zeit wäre man in seinem Häuschen schon „daheim". Gern oder weniger gern, je nachdem, wie sich die Dinge entwickeln. Nicht jeder wäre ein geschickter Architekt von Anfang an, aber die Erfahrungen dieser Anfangszeit sind im Allgemeinen ein hervorragender Lehrmeister. Und einmal käme der Tag, da man sein Häuschen lieben würde – nicht, weil es perfekt geworden wäre, sondern weil es einem ans Herz gewachsen ist.

Übertragen wir diesen Prozess auf unser Leben. Betrachten wir es ausnahmsweise nicht als ein Gewordenes auf dem Hintergrund unseres bisherigen Werdeganges, sondern so, als ob wir es soeben von jemand Fremdem geerbt hätten. Hier steht es vor uns mitsamt all den Inhalten, die darin sind, wie das Häuschen der Großtante. Was fangen wir damit an?

Gehen wir davon aus, dass wir es annehmen *wollen*. Nicht, dass wir es übernehmen *müssen*, wie es die Wirklichkeit uns diktiert. Für unser Spiel ist die Freiwilligkeit wichtig, das Ur-Ja zum Erbe. Ohne dieses Ja

Tipp 4: Man halte gelegentlich inne und starte sein Leben neu!

können wir nicht spielen. Denn würde das Erbe ausgeschlagen, so würde das Häuschen sofort verkauft oder abgerissen werden. Was nicht ohne Analogie zum Leben ist: Ohne Ur-Ja zum eigenen Sein verkaufen, verschleudern oder vergeuden wir uns selbst mitsamt den in uns liegenden Möglichkeiten.

Die Erstbesichtigung

Beginnen wir also unser Spiel mit dem in unserer Vorstellung aus fremden Händen empfangenen, aber aus eigenen Quellen bejahten Leben, und kommen wir zu Punkt 1. Es gilt, *in Augenschein zu nehmen*. Das ist eine exzellente Übung in „Selbstdistanzierung" (Frankl). Wir betrachten alles aus den Augenwinkeln eines neuen Besuchers, der innerlich unbeteiligt und von Vorurteilen unbelastet durch die Räumlichkeiten spaziert. Was finden wir vor? Hier ein Beispiel:

Eine Frau findet bei sich den Leib einer 50-Jährigen vor. Sie inspiziert seinen Zustand, wie sie die Mauern, Kellergeschosse, Treppen und Balustraden des Häuschens inspizieren würde. Da gibt es Bereiche, die noch ganz stabil sind. Die Steinstufen vor der Haustüre etwa sind erstaunlich gut erhalten, kaum abgetreten. Dafür sieht es mit den Holzvorbauten übel aus. Diese sind wackelig, ungeschützt Wind und Wetter preisgegeben. So und

Das Häuschen der "Großtante"

ähnlich denkend schaut sie sich im Spiegel an. Ihre Figur ist noch erstaunlich gut erhalten, schlank und hoch gewachsen. Ihre Gelenke hingegen knirschen bei jeder Bewegung, und insbesondere die Knie sind arg steif geworden. Auch der Rücken hat an Biegsamkeit eingebüßt. Und die meisten Altersmängel zeigen sich rund um den Brustbereich. Wie sind die Muskeln doch verspannt und verkrampft! Rührt die gelegentliche Atemnot von daher? Hier wird einiges an Reparaturarbeiten anfallen.

Die Frau registriert das Ergebnis ihrer Begutachtung und geht zum nächsten Beobachtungsraum über: dem psychischen Zustand einer 50-Jährigen. Dazu muss sie das Interieur des Hauses untersuchen bis in die verborgenen Schubläden seiner Möbel hinein. Eine aufwändige, zeitraubende Angelegenheit, weil vieles erst auf den zweiten Blick sichtbar wird oder sich nach mühsamem Herumkramen enthüllt. Schubladen sind mit altem Zeug verstopft. Darunter eine kostbare Antiquität. Fleckig gewordene Polsterbezüge erzeugen Widerwillen, wofür wiederum ein makelloses Teeservice, unvermutet unter Zeitungspapier aufgetaucht, entschädigt. So und ähnlich denkend rekapituliert die Frau ihr Wissen, ihre Taten, ihre Gefühle. Sie hat viel gelernt in ihrem Leben, auch schon einiges wieder vergessen. Informationen vergessen – weniger bestimmte Verhaltensmuster vergessen, die just ausrangiert gehört hät-

Tipp 4: Man halte gelegentlich inne und starte sein Leben neu!

ten, weil sie nicht mehr aktuell sind. Und weil sie die Entwicklung von sinnvoller Umerziehung bremsen, wie es etwa die Tendenz tut, sich schnell beleidigt ins „Schneckenhaus" zurückzuziehen. Frustrationsintoleranz klebt in vielen Ritzen. Unter diesem Seelenabfall gibt es aber auch das Juwel: Sie kann großzügig sein, gütig, freigiebig. Sie ist bereit, zu helfen und zu teilen. Eine schöne Eigenschaft, die da unvermutet auftaucht!

Ja, und ihre Taten? Kunterbunt gemischt. Es sind bewundernswerte Stücke dabei, die das Häuschen des Lebens schmücken. Wie sie den ständig kränkelnden Bruder miterzogen und betreut hat, bis er endlich auf eigenen Beinen stand – einfach unglaublich. Was ohne sie aus ihm geworden wäre? Dafür hat sie in der von gegenseitiger Abhängigkeit geprägten Beziehung zum Ehemann ihrer Freundin gefehlt. Sich zu spät gelöst, Scherben hinterlassen, Scherben, die immer noch zum Stolpern herumliegen. Vor allem nachts, wenn man barfuß durchs Haus tappt, von wilden Träumen aufgeweckt. Die müssen endlich auf den Müll! Und die berufliche Position? Nicht schlecht angesichts der einstigen Ausbildungshemmnisse. Nicht das Modernste, mit dem man großen Staat machen könnte, aber noch brauchbar. Nein, lautet die abschließende Beurteilung, die Renovierung muss vorrangig woanders ansetzen, nämlich an der Überempfindlichkeit und an den Schuldgefühlen.

Das Häuschen der „Großtante"

Damit ist die Besichtigungstour der Frau noch lange nicht zu Ende. Das Häuschen liegt nicht einfach irgendwo, sondern in einem bestimmten Umfeld. Es wird von einem Vorgarten umrandet, von einer Straße gesäumt, von Laubbäumen beschattet. Es ist durch die Qualität seiner Erreichbarkeit gekennzeichnet und in eine Landschaftsstruktur integriert. Um diese Dinge zu erforschen, muss sich die Frau hinausbegeben und ein paar Schritte Abstand gewinnen. Dann zeigt sich ihr aus der Perspektive der Außenstehenden das soziale Netzwerk einer 50-Jährigen.

Nun, optimal sind die Verbindungen zu Nachbarorten und -häusern nicht. Die Wege des Vorgartens sind grasüberwuchert, woraus sich schließen lässt, dass sie von Freunden und Bekannten wenig benützt werden. An der Straßenseite wurde kein Parkplatz angelegt, und wer ans Tor klopfen will, muss sich zwischen dem Unterholz der Bäume hindurchschlängeln. Kein gastfreundlicher Empfang! Stirnrunzelnd schüttelt die Frau ihren Kopf. Das kommt wahrscheinlich vom häufigen Rückzug ins „Schneckenhaus". Aber das soll sich grundlegend ändern; in einer solch weltentfremdeten Klause will sie künftig nicht wohnen! Und was hätte ihr Juwel, ihre Hilfsbereitschaft und Güte, für einen Sinn, wenn es im Geheimen glänzt? Für die „Großtante" mag das so in Ordnung gewesen sein – für die „Erbin" ist es das nicht mehr!

Tipp 4: Man halte gelegentlich inne und starte sein Leben neu!

Wenn die Frau bei ihrem Erkundigungsrundgang schon draußen steht, in einiger Entfernung vom Häuschen, kann sie auch gleich den Blick zum Dach des Hauses emporrichten. Wie ist es um den Schutz des Häuschens „von oben" bestellt? Kann jeder Wolkenbruch einer Leidenserfahrung es erschüttern, jeder Regen des Zweifels mit seiner Nässe durchdringen? Könnte der Blitz der totalen Verzweiflung einschlagen? Oder hält das Dach wie ein Glaube, der alles aushält? Die Frau wandert rund um ihr neues Heim herum und prüft, was sich dem Auge bietet. Freilich, das Tiefste und Höchste sieht man nicht. Doch soweit sie feststellen kann, ist das Gottvertrauen noch intakt. Erleichterung breitet sich in ihr aus. Das Häuschen mag kein Palast sein, aber auch Paläste können abbrennen. Das Häuschen jedenfalls ist – beschützt.

Der Beginn der Erneuerung

An dieser Stelle beenden wir den Prozess des In-Augenschein-Nehmens und wenden uns den Punkten 2 und 3 zu. Jetzt gilt es, Entscheidungen zu fällen. Entscheidungen darüber, welche Teile des eigenen Lebens wir im alten Stil belassen wollen und welche wir im neuen Stil einrichten werden. Entscheidungen setzen stets ein Entscheidungskriterium voraus, und dieses besteht im anzustrebenden Endergebnis, in der „Vision"

Das Häuschen der „Großtante"

von unserem Haus, so, wie es sein und werden soll. „Begin with the end in mind", sagen die Amerikaner. Das heißt, wenn wir uns fragen, was wir hinter uns zurücklassen, aussortieren, und was wir des Weges mitnehmen, aufbewahren sollen, müssen wir „the end in mind" konsultieren. Das „Bauherrenmodell am Reißbrett" sozusagen. Daraus fließt uns die nötige Entscheidungsklarheit zu.

Bei unserem Spiel des „Neueinstiegs ins eigene Leben" ist der Blick auf das „end in mind" ein Blick auf das eigene bessere Ich, wie es uns in besonderen Stunden vorschwebt, in denen wir ganz aufrichtig mit uns selber sind. Das bessere Ich ist auch das fröhlichere Ich, zweifellos. Das Ich, das zu sich selber aufschauen kann, das sich in sich selber wohl fühlt, das seiner Letztbestimmung nahe kommt. Sollte die 50-jährige Frau aus unserem Beispiel einen solchen Blick auf ihr besseres Spiegelbild wagen, wäre sie überrascht, wie gut sie sich darin gefiele. Sie sähe eine vitale, elastische Frau mit körperlicher und seelischer Spannkraft, an Erfahrungen gereift, von einer Aura der Güte umgeben, tolerant und aufgeschlossen ihren Mitmenschen gegenüber, heiter und zufrieden in ihrer bescheidenen Welt. Danach wüsste sie mit einem Mal, was sie im ererbten Häuschen unangetastet belassen soll: ihre gute Figur, ihr hilfsbereites Wesen, ihr Gottvertrauen. Und was entrümpelt gehört: körperliche und seelische Steifheit

Tipp 4: Man halte gelegentlich inne und starte sein Leben neu!

---

und Verkrampfung, Überempfindlichkeit, Selbstentwertung, Rückzug, Kontaktscheu.

Am Übergang zum dritten Punkt, der Umsetzung in die Tat, die erst den Wandel vom Idealen zum Realen hin bewirkt bzw. verhindert, dass „the end in mind" zur bloßen Illusion verkommt, zeigen sich jedoch mitunter unerwartete Schwierigkeiten. Man will einen verrotteten Schrank aus Großtantes Häuschen abtransportieren, um endlich Licht, Luft und Platz für eine zierliche Kommode zu schaffen, und merkt: Er ist ungeheuer schwer. Nicht zu heben. Nicht zu schieben. Er bewegt sich einfach nicht von der Stelle, als wäre er festgenagelt. Vielleicht ist er das sogar, von unkundigen Händen einst mit Gewalt in den Boden gerammt. Alte Sünden werfen lange Schatten … Soll der Schrank stehen bleiben? Soll man kapitulieren vor der Vergangenheit? Darf sie ruinieren, was gegenwärtig in die Zukunft hinein neu erwachsen will? Nein! Man wird sich Hilfe holen, nichts ist natürlicher als dies. Was allein nicht zu schaffen ist, muss zu zweit angegangen werden. Ähnlich könnte es sein, dass auch die erwähnte 50-jährige Frau ein wenig fachlichen Rat braucht, um ein spezielles Problem zu lösen, das sich irgendwo in ihrem Leben verhakt hat, beim großen Reinemachen auftaucht und zur endgültigen Bereinigung ruft.

Das Häuschen der „Großtante"

Dies erinnert mich an eine Patientin im selben Alter, die mich aufsuchte, weil sie sich in einem Fachbuch eines Kollegen von mir wieder erkannt hatte. Die von ihr gemeinte Textstelle stammte aus dem Buch „Die heilende Kraft des Lachens" von Michael Titze (Kösel, München), in dem der Psychotherapeut schreibt:

Vor einigen Jahren machte ich mit meinem damals dreijährigen Sohn einen Spaziergang, der uns an einem Abenteuerspielplatz vorbeiführte. Da gab es für den Kleinen kein Halten mehr! Übermütig machte er sich daran, die herrlichen Spielgeräte auszuprobieren, die hier von kreativen Menschen aufgestellt worden waren. Eine Art Ritterburg hatte es ihm besonders angetan. In ihr gab es Klettertürme, Hängebrücken und Aussichtsplattformen, die über verschiedene Zugangswege erreicht werden konnten. Der einfache Weg nach oben führte über eine bequeme Holztreppe. Man konnte aber auch eine breite Leiter erklimmen, deren Sprossen allerdings weit auseinander standen. Hier mussten die Kleinen ihre ganze Kraft einsetzen, um nach oben zu gelangen. Noch schwieriger war es, sich über eine glatte Kletterstange nach oben zu hangeln.

An genau dieser Stange hatte sich zunächst mein Sohn versucht. Bald merkte er jedoch, dass er seine Körperkräfte überschätzt hatte. So stieg er mit angestrengtem Gesichtsausdruck über die Sprossenleiter

Tipp 4: Man halte gelegentlich inne und starte sein Leben neu!

---

nach oben, um dann wieder freudestrahlend an der Kletterstange hinunter zu gleiten.

In der Zwischenzeit war eine düster blickende Frau mit einem etwa fünfjährigen Jungen dazugekommen. Eine Weile schaute dieses Kind meinem Sohn zu. Dann näherte es sich zögernd dem Klettergerüst. Seine Mutter stemmte ihre Arme in die Hüften und beobachtete ihn mit einem Ausdruck von Missbilligung und Geringschätzung. In dem gleichen Augenblick, als der Junge die Kletterstange angefasst hatte, herrschte sie ihn auch schon mit schneidender Stimme an: „Andreas, lass das! Das ist zu gefährlich, da passiert gleich was!" Widerspruchslos ließ der Junge von seinem Vorhaben ab. Nach kurzem Überlegen begann er dann die Sprossenleiter in Augenschein zu nehmen. Doch ehe er überhaupt Anstalten machen konnte, diese zu erklimmen, rief ihm seine Mutter schon zu: „Andreas, lass das! Das ist zu schwierig. Das schaffst du nie!" So blieb ihm nur noch der einfachste Weg zum Spielvergnügen, nämlich das Besteigen der Holztreppe.

Unterdessen hatte sich mein Sohn erneut daran gemacht, die Sprossenleiter zu erklimmen. Andreas stand jetzt oben auf der Plattform und schaute ihm dabei gebannt zu. Jedes Mal, wenn der Kleine ausrutschte und die Leiter hinunterzufallen drohte, huschte ein leises, befriedigtes Lächeln über das Gesicht von Andreas. Aber mein Kleiner schaffte es schließlich doch. Übermütig kreischend lief er über die Plattform, um sich wiederum an der Kletterstange hinunterzulassen. „Das hättest du nie geschafft, Andreas!" rief jetzt die strenge Mutter verächtlich. Sie hatte ihrem Sohn, wahrscheinlich zum wiederholten Mal, bestätigt, dass er ein Nichtskönner war.

„Genauso verlief meine Kindheit", schleuderte mir die Patientin wutentbrannt entgegen. „Nie durfte ich etwas, immer war ich Außenseiterin unter meinen Kameradinnen, war Nichtskönnerin in den Augen meiner Eltern. Alles haben sie mir verboten, vermiest, verdorben, und deshalb bin ich auch heute noch eine komische Figur, über die jedermann lacht!"

Na, *das* war ein wuchtiger Schrank in Großtantes Häuschen, aus der Kindheit geerbt und nicht mehr losgeworden! Wie viel Platz beanspruchte er in den Lebensräumen der Patientin, wie viel Dunkelheit erzeugte er darin. Auch in seinem Inneren staute sich nichts Nutzbringendes an, nur Gerümpel: Vorwürfe über Vorwürfe, Schuldzuweisungen, uneingestandene Schwächen, alte Ängste, tief sitzende Komplexe ... Wenn man ihn öffnete, wie es das Lesen jener Textstelle einen Spalt breit getan hatte, vergiftete der entweichende Gestank den ganzen Raum.

Tipp 4: Man halte gelegentlich inne und starte sein Leben neu!

EIN ZERSÄGTER SCHRANK

Was konnten wir damit machen? Ihn noch mehr öffnen, den Kopf hineinstecken und seinen Inhalt beweinen? Das Trauma rekonstruieren und wiederkäuen? Würde die Patientin ihr Häuschen dann überhaupt noch jemals bewohnen wollen? „Wir zerlegen den Schrank", entschied ich. „Wir zerschneiden ihn in Stücke. Denn Stück für Stück kann er bei der Türe hinausbefördert werden, im Durchzug frischer Winde, ständig mehr „Wand dahinter" und „Boden darunter" freigebend für die aufblühende Renovierungsfreude. Ich sagte der Patientin, was ich vorhatte, und sie erklärte sich damit einverstanden.

Das erste Stück des Schranks, das wir gemeinsam hinaustrugen, war die *Klage*. Die Klage über das bedauerliche Schicksal, das sie erlitten hatte. „Betrachten wir Andreas aus einem objektiven, sachlichen Blickwinkel", schlug ich vor. „Er ist ein gesunder Junge, anderenfalls läge er im Bett oder im Spital. Er hat eine Mutter, ist also kein Waisenkind. Diese Mutter geht mit ihm spazieren, führt ihn auf den Spielplatz. Sie nimmt sich Zeit für ihn, gibt ihn nicht irgendwo ab, überlässt ihn nicht sich selbst. Er hat gerade Glieder, kräftige Muskeln und alle Fähigkeiten wie der andere Junge auch, der auf der Ritterburg herumklettert. Er hat dasselbe Verlangen, seine Grenzen auszudehnen. Das Einzige, das ihn von dem anderen Jungen unterscheidet, ist der (aus wel-

Das Häuschen der „Großtante"

chem Grunde auch immer) blockierende Einfluss seiner Mutter. Ist das bis hierher richtig?" Die Patientin nickte.

„Gut", fuhr ich fort, „er hat also alles, was er braucht; das komplette Rüstzeug zur expansiven Entwicklung seiner Kräfte, obwohl er es nicht verwendet wegen der negativen Einflussblockierung. – Nun, Sie behaupten, Sie finden sich in der Beschreibung des Jungen wieder?" Die Patientin nickte erneut. „Dann besitzen auch Sie das komplette Rüstzeug, mutig zu leben und sich zu entwickeln, wie es Andreas hatte. Nur mit *einem* Vorteil: Sie sind kein fünfjähriges Kind! Sie können blockierenden Einflüssen die Stirn bieten. Sie können gut oder schlecht gemeinten Ermahnungen widerstehen. Sie brauchen keiner elterlichen Autorität mehr zu gehorchen. Sie können einfach nach der Sprossenleiter greifen und Ihre Erfahrungen machen wie der Junge des Autors. Ein paar Jahrzehnte später, aber immer noch! Ist Ihnen das Schicksal nicht eigentlich gnädig?" „Das schaffe ich nicht mehr!", rief die Patientin verbittert aus. „Halt, halt", wandte ich ein, „Sie fallen ja in die Rolle der Mutter von Andreas. Wollen Sie sich selbst blockieren? Wozu?" Die Patientin erschrak. „Ist es möglich, dass ich dies seit langem tue?", fragte sie. „Möglich ist, dass Sie auf der Stelle damit aufhören", antwortete ich, und ein Stück Schrank begann nach draußen zu wandern.

Tipp 4: Man halte gelegentlich inne und starte sein Leben neu!

Das nächste Stück, das wir angingen, war die *Anklage*. Sie prägt die Beziehung der Patientin zu ihren Eltern, und auch die Textstelle, mit der sie sich identifizierte, trieft davon. Aber dürfen wir wirklich den Stab über Andreas Mutter brechen? – Sie hält die Kletterstange für zu gefährlich, und in der Tat kommt selbst das „unblockierte" Kind daran nicht hoch. Sie hält die Sprossenleiter für schwierig, und in der Tat rutscht selbst das „unblockierte Kind" darauf aus und droht hinunterzufallen. Ihr unseliger Ausspruch: „Das schaffst du nie" könnte ein (leider reichlich unpädagogischer) Versuch sein, ihrem Sohn von vornherein Enttäuschung, eventuell sogar Schmerzen zu ersparen. Zuneigung und echte Sorge könnten ihr Antrieb sein, und die Abgrenzung zur übertriebenen Sorge ist bekanntlich hauchdünn. Dass die Mutter „missbilligend", „geringschätzend" und „verächtlich" agierte, ist bereits eine Interpretation, und derartige Deutungen von Körpersprache gehen allzu leicht daneben.

Überdies: Was wissen wir von der Mutter? Hat sie einen Unfall erlebt? Ein behindertes Familienmitglied gepflegt? Hat ihr der Tod geliebte Menschen entrissen? Ist sie einsam und der Junge ihr ganzes Glück, das sie nicht für ein Klettervergnügen aufs Spiel setzen will …? Wer weiß, welche Düsternis es ist, die ihren Blick und ihr Gemüt verfinstert?

Viel weiter brauchte ich nicht zu argumentieren, und schon war im Häuschen meiner Patientin auch dieser große Brocken des Schranks bei der Tür hinausbefördert.

Ein letztes Stück lag noch da, bereit zum Abtransport: *der Irrtum*. Nicht nur unsere Urteile über andere Menschen sind oft bedenklich, auch unsere Selbsteinschätzungen laufen oft in die Irre. Gemäß der genannten Textstelle beispielsweise haben sich beide Kinder in sich selbst getäuscht. Das „unblockierte" Kind hat angesichts der Stange seine Kräfte *überschätzt*, was in diesem Fall harmlos war. Es musste eben das Sich-daran-Hochziehen aufgeben und sich mit dem Daran-Hinuntergleiten begnügen. Andreas hingegen hat, mitverursacht durch seine Mutter, seine Kräfte *unterschätzt*, was zur damaligen Zeit auch harmlos war: Er begnügte sich eben mit der Holztreppe. Allerdings muss Michael Titze zugestimmt werden, dass diese Variante längerfristig weniger harmlos ist, weil das „unblockierte" Kind seinen Irrtum durch das Tun (Angreifen der Klettergeräte) sofort begreift und korrigiert, während Andreas durch sein Nichttun (Loslassen der Klettergeräte) im Glauben seines Nichtkönnens verbleibt.

Wechseln wir jetzt wieder von der Identifikationsfigur „Andreas" zur Patientin. Sie hatte ihr Können also früher ebenfalls oft *unterschätzt*, was sie ihren Eltern anlastete. Dieser Irrtum war mittlerweile aufgeklärt. Aber

Tipp 4: Man halte gelegentlich inne und starte sein Leben neu!

---

lag nicht noch ein zusätzlicher Irrtum vor, und zwar in Richtung *Überschätzung*? Sie war Außenseiterin gewesen, man lachte angeblich über sie – woran konnte das liegen? Bei der Identifikationsfigur lesen wir von einem sehr unsympathischen Charakterzug: „Jedes Mal, wenn der Kleine ausrutschte und die Leiter hinunterzufallen drohte, huschte ein leises, befriedigtes Lächeln über das Gesicht von Andreas ..." Das ist nicht mehr das Problem „Unterschätzung eigener Fähigkeiten", das ist blanker Neid und heimliche Schadenfreude, und damit macht man sich in keiner Gemeinschaft beliebt. Genau damit wird man in kürzester Zeit zum belächelten Außenseiter. Konnte es sein, dass die Patientin eine ähnliche Neigung in sich trug, die sie sich ungern eingestand und in Bezug auf die sie ihre Charakterfestigkeit nun eher überschätzte?

Bei meinen Erwägungen wurde sie sehr nachdenklich. „Ja", gab sie zu, „Neid kenne ich schon. Manchmal hasse ich meine Mitmenschen, wenn sie beschwingt und lustig sind ..." Sie senkte den Kopf. „Das ist gar nicht edelmütig, nicht wahr?", flüsterte sie. „Die Menschen spüren es und machen einen Bogen um Sie", erwiderte ich. „Aber beachten Sie: Es ist eine Angelegenheit der Gegenwart, und alles Gegenwärtige ist korrigierbar. Mehr noch: Eine veränderte Gegenwart wird in Ihrer Zukunft Ihre Vergangenheit verändern, so paradox es sich anhören mag. Denn wenn Sie in der Gegenwart Ihrer Vergangenheit etwas Neues und Schö-

Das Häuschen der „Großtante"

nes hinzufügen, wird diese zu einem späteren Zeitpunkt in der Summe ein anderes und schöneres Ergebnis aufweisen als heute." „Aber wie kann ich den Neid ablegen?", fragte mich die Patientin. „Indem Sie sich nicht überschätzen, sondern um Ihre Schwäche wissen und regelmäßig daran arbeiten, den Menschen, denen Sie begegnen, Gutes zu wünschen und zu gönnen, so aufrichtig und ehrlich wie nur möglich. Bald werden Sie merken, wie dies die Atmosphäre in Ihrem Bekanntenkreis entspannt und erwärmt." „In Ordnung, das will ich versuchen!", sagte die Patientin, und das letzte große Stück Schrank begann aus ihrem Häuschen zu poltern.

Seht her: Ich lebe!

Eilen wir damit zu Punkt 4. Das Häuschen ist inspiziert, sein Inventar sortiert und „ausgemistet" worden; jetzt beginnt die wahre Übernahme, der stete Aufbau des Eigenen. Vorhandene Kostbarkeiten werden ins rechte Licht gerückt, Leerstellen ergänzt, Defekte repariert. Schlappe Muskeln, knirschende Gelenke müssen trainiert werden. Sport, Fitnessprogramme und eine vernünftige Ernährung stärken Aussehen und Selbstdisziplin. Frustrationsintoleranz und Rückzugstendenzen müssen abgebaut werden. Gesang und Lustigkeit, kulturelle Programme und Freundschaftspflege

Tipp 4: Man halte gelegentlich inne und starte sein Leben neu!

---

lösen und entkrampfen selbst tief sitzende Komplexe. Klage und Anklage müssen aufgegeben werden. Weitherzigkeit und Großzügigkeit fallen einem nicht über Nacht zu, aber wo sich der Geist bemüht, wird er belohnt. Das Häuschen bekommt ein individuelles Aussehen; offene Fenster, saubere Vorhänge, neue Anstriche laden die Nachbarn zur Besichtigung ein. Noch lange wird es „Baustelle" sein, und dennoch: Bauen ist ein Akt der Hoffnung, Freude spendender und faszinierender als alles bereits fertig Gebaute. Bauen signalisiert: Seht her, ich lebe! Ich lebe gerne! Und ich lebe nicht für mich allein – ihr alle seid geladen, an meinem Leben teilzunehmen!

Ob der „Bauherr" oder die „Bauherrin" dabei 50 Jahre alt sind oder 20 oder 80, spielt keine Rolle. Gebaut werden kann bis hinein ins Sterben. Wichtig ist, dass nicht gestorben wird, ohne je gebaut zu haben ... – im Häuschen der Großtante, das niemals selbst übernommen worden ist, in der Entfremdung von Gott und der Welt, umgeben von unbeweglichen Schränken, in die man sich selbst mit eingesperrt hat.

Tipp 5:

*Löse täglich
das Rätsel
des kleinen Glücks!*

Das Rätsel des kleinen Glücks

Ein neu gestartetes Leben garantiert nicht, dass es ohne Leid sein wird. Auch im „renovierten Häuschen", in das man voller Schwung und Elan eingezogen ist, sind künftige Plagen möglich: Wasserrohrbrüche, zerborstene Fenster, klemmende Türschlösser, Ratten im Keller – und was es sonst noch an bösen Überraschungen gibt. Unsere Welt ist nicht heil ... Biblische Gestalten, Philosophen von Rang und Namen, Dramaturgen der Weltliteratur und auch der heimgesuchte „Mann von der Straße" mit seinem feinen Volksgespür haben darüber sinniert, wozu das Leiden in der Welt ist. Wäre nicht genauso gut eine Schöpfung ohne Kummer und Schmerz denkbar gewesen, ein Lebensprinzip ohne Verfall und Tod? Alle bisherigen Erklärungsversuche dazu sind dürftig ausgefallen; die Theodizee, die Frage, wie Gott und das Leid zusammenpassen, wird ein ewiges Rätsel bleiben.

Doch nicht von diesem Rätsel soll hier die Rede sein. Auf seinem Hintergrund scheint in psychologischem Licht ein weiteres Rätsel auf, schlicht, lösbar, uns Menschen angemessen, und dennoch – wie Rätsel nun einmal sind – nur mit einigem Aufwand zu „knacken". Ich möchte es das „Rätsel des kleinen Glücks" nennen und in meinen Tipp 5 hineinbetten: *Löse täglich das Rätsel des kleinen Glücks!* Des *kleinen* deshalb, weil uns das *große* Glück nicht gegeben ist. Nicht von Dauer. Nicht ohne Verlockung und Verblendung. Nicht unbeschadet. Unsere Spezies verträgt es nicht, es bekommt ihr nicht.

Ohne mich auf den schlüpfrigen Boden einer Glücksdefinition einlassen zu wollen, ist doch festzustellen, dass manche Menschen unheimliches Glück haben. Intelligenz und Talente, Schönheit, Reichtum und Luxus fallen ihnen zu. Geliebt-Werden und Beliebtheit krönen ihr irdisches Dasein. Manche von ihnen werden von den Medien umworben und von den Fans umjubelt. Andere bekommen eine sagenhafte Portion Macht in die Hand gedrückt mit dem Freibrief, fast alles nach ihrem Willen zu lenken. Wieder andere werden mit dem Lorbeerkranz gekürt und von der Selbstverwirklichungswelle emporgeschleudert.

Unheimlich ist dieses ihr Glück auf jeden Fall, weil es den Keim des Niedergangs bereits in sich trägt. Und weil der Niedergang kaum je von außen eingeleitet wird, sondern stets im Inneren des Menschen lauert, in einem Zipfel seiner „Seele", der langsam und unbemerkt verroht und verrottet im Glanze des großen Glücks. Arme reiche Menschen! Arme schöne, arme berühmte Menschen! Sie sind nicht zu beneiden, diese

Tipp 5: Löse täglich das Rätsel des kleinen Glücks!

Tänzer und Tänzerinnen auf den Spitzen der Wellenkämme, im sonnendurchfunkelten Sprühregen der Gischt, Äonen, unter sich das dräuend grünschwarze Wellental, dessen Schwerkraft sie nicht entrinnen werden. Der Sturz pflegt tief zu sein.

Demgegenüber ist das *kleine* Glück von ruhiger, stabiler Natur. Es hat mit Frieden zu tun, mit Harmonie, mit Einssein zwischen demjenigen, der es findet, und dem Gefundenen. Es ist nichts, was die Welt bewegt, es bewegt nur ein Herz. Es glitzert auch nicht im Rampenlicht, im Gegenteil, es ist so hauchzart, dass es meistens übersehen wird. Derjenige jedoch, der es sieht, schaut hinein in das Mysterium des Numinosen.

Das Erstaunliche ist, dass es jedem offensteht, ohne Ansehen der Person. Der Hausfrau zum Beispiel, wenn sie die passenden Worte im „Kreuzworträtsel des kleinen Glücks" einzufügen vermag. Was da alles gefragt ist! 4 *waagrecht*: Dein Kind kommt verschmutzt vom Spielen heim. *Antwort*: Wie froh bin ich, ein munteres, normales Kind zu haben. 8 *senkrecht*: Es ist Zeit, das Abendessen zu kochen. *Antwort*: Welche Gnade, dass wir genug zu essen haben. 7 *waagrecht*: Die Hausaufgaben müssen noch überprüft werden. *Antwort*: Neben der manuellen ist auch die geistige Beschäftigung eine Lust. *11 senkrecht*: Dein Mann ist abends müde und abgespannt. *Antwort*: Wie gut, dass ich nicht allein bin, dass mein Partner Arbeit hat, dass wir einander verstehen und aufeinander Rücksicht nehmen ...

Das Rätsel des kleinen Glücks

Viele lange Zeilen gibt es im „Kreuzworträtsel des kleinen Glücks" auszufüllen, und immer noch bleiben leere Zwischenkästchen übrig, für die das richtige Wort fehlt. Aber es ist da, es ist zweifellos existent, wie jedes Rätsel seine Auflösung hat, es fällt einem nur im Moment nicht ein. Später vielleicht, wenn sich die Konturen des Ganzen deutlicher abzeichnen ...

Jeder hat sein individuelles Rätsel vor sich, keiner kann vom anderen abschreiben. Für den Gemüsemann um die Ecke steht zum Beispiel bei *4 waagrecht*: Ein halber Lastwagen voller Kisten ist abzuladen. *Antwort*: Das ist ein prima Fitnesstraining für meine Muskeln. Und unter *8 senkrecht* heißt es bei ihm: Jetzt kommt wieder die freundliche Kundin hereinspaziert. *Antwort*: Menschen wie ihr zu begegnen macht Freude.

Natürlich ist es jedem unbenommen, Worte anderer Qualität auf die dafür bestimmten Zeilen zu schreiben, auch Worte der Gleichgültigkeit, Abgestumpftheit und Alltagsroutine. Nur geht dann das „Rätsel des kleinen Glücks" nicht auf, und ein Leben muss mit Lücken und Leerstellen zu Ende gelebt werden.

Wem es hingegen gelingt, dieses Rätsel in hohem Grade aufzulösen, der hat – welch seltsames Spiel des Geschicks! – am Ende *doch* das große Glück gefunden. Das Einzige von Beständigkeit: bedingungslose Lebensbejahung, die selbst noch ein versöhntes Sterben mit umgreift.

Tipp 5: Löse täglich das Rätsel des kleinen Glücks!

Ich sagte vorhin, dass nicht von der Theodizee die Rede sein soll. Trotzdem möge mir diesbezüglich ein simpler Erfahrungshinweis gestattet sein. Menschen verändern sich, wenn ihnen ein schweres Leid widerfährt, und vielfach leben sie „danach" bewusster, wacher, bescheidener und wertefühliger als zuvor. Ein waches Bewusstsein, Bescheidenheit und Wertefühligkeit sind aber geradezu „Nachhilfe-Elixiere" zur Auflösung des „Rätsels des kleinen Glücks", weil sie für die Gunst der Stunde sensibilisieren im Wissen, dass nicht jede Stunde selbstverständlicherweise eine gute sein muss. Wer schwere Stunden durchlitten hat, weiß die Bürde der leichten zu schätzen.

Könnte es demzufolge sein, dass uns ohne „Nachhilfe" durch das Leid das kleine Glück verwehrt bliebe – und ohne kleines Glück das einzige wirklich große Glück ...?

Über das Fehlen von Freude

Es ist der Ausdruck *Wertefühligkeit* gefallen. Spricht man von Gefühlen, ist allerdings zu beachten, dass es der Gefühle zweierlei gibt. Zum einen gibt es diese *Wertefühligkeit* als geistigen Akt des Menschen, der sich in Selbstüberschreitung einem Du bzw. einem kostbaren Kulturgut zuwendet. Zum anderen gibt es die psychisch-triebhafte Gefühlslage (auch: Affektlage) des Menschen, die unter Umständen jedoch irrational und täuschend sein kann, wie wir aus Krankheitsbildern, etwa einer Angststörung oder einer Sucht, wissen. (Der Angstgestörte fühlt sich „gut", wenn er sich vor einer Herausforderung drücken kann, und „schlecht", wenn er sich ihr stellen soll. Der Alkoholiker fühlt sich „gut", wenn er ein Glas Wein trinkt, und „schlecht", wenn er darauf verzichten soll.) Das heißt, nicht jedes Gefühl steigt empor aus unserer tiefsten Mitte und geleitet uns richtig; manche Gefühle wie Gier, Neid, Wut etc. sind brutale Weg-vom-Sinn-Verführer. Hier ist Differenzierungsarbeit zu leisten! Deswegen ist die Spaltung zwischen Denken und Fühlen, zwischen Kognition und Emotion nicht dadurch zu bewältigen, dass die Würfel generell zugunsten der Emotion fallen – wie es manche

Tipp 5: Löse täglich das Rätsel des kleinen Glücks!

---

frivole Denkströmung heute fordert –, sondern nur dadurch, dass beides überhöht wird in der Geistigkeit des Menschen, in der sich eine neue Dimension öffnet: die Sinnperspektive.

Die Freude ist nun ein klassisches Beispiel für ein Gefühl der ersten Kategorie. Sie kann nie anderes sein als Freude *über etwas* oder *an etwas*; sie ist kein bloßer innerer Zustand, sondern besitzt stets einen „Grund", ihren spezifischen „Grund zur Freude". Dieser pfropft sich auf einem über jeglichen aktuellen Anlass hinausreichenden „Sinn-Grund" auf: das Leben zu lieben, wertzuschätzen, eben sich daran zu erfreuen. Ohne einen solchen „Sinn-Grund" wird der spezifische „Grund zur Freude" mühsamer aktiv und verglimmt schneller als sonst, fast wie ein „Strohfeuer". Weshalb positive Lebensbedingungen und ein freudloses Dasein leider kein notwendiger Widerspruch sind.

Dank ihres in den „Sinn-Grund" des Lebens eingenisteten und ihm aufgelagerten spezifischen „Grundes" verhilft die Freude zur vielleicht gegenwärtigsten Form des In-der-Welt-Seins. Der Mensch, der sich freut, ist ganz da, ganz präsent, in optimaler Übereinkunft mit sich und der Welt, er ist nicht entzweit, entfremdet oder in der Irre. Er ist gleichsam, wo er hingehört, ist für Momente seines Daseins kein Suchender mehr, sondern ein Findender, ein Sich-Wohlbefindender auf dem Boden einer grundlegenden Übereinstimmung mit dem Sein der

Über das Fehlen von Freude

Welt. Der Mensch, der sich freut, ist integriert, er steht nicht außerhalb seiner eigenen Existenz.

Demgegenüber ist der Mensch ohne Freude ein Mensch ohne Zugehörigkeit. Er ist ein Fremder in allen Lebensbereichen und auch mit sich selbst nicht im Reinen. Er lebt nicht, wie es ihm gefällt, und es gefällt ihm nicht, wie er lebt. Hinter dem Vermissen eines „spezifischen Grundes zur Freude" ist ihm meist ein Stück „Sinn-Grund" entglitten. Da er nichts wahrnimmt, über das und an dem er sich erbauen könnte, dominiert die Leere in seiner Welt. Der Mensch ohne Freude existiert wesentlich im *Fehlen von etwas*.

Hier soll jedoch nicht der Eindruck entstehen, es gäbe zwei Sorten von Menschen: diejenigen, die sich freuen, und diejenigen ohne Freude. Die Erfahrung lehrt, dass sich ein- und derselbe Mensch hin und wieder freut und zu anderen Zeiten ohne Freude ist. Sie lehrt überdies, dass die freudvollen Stunden im Durchschnittsleben seltener vorkommen, während das freudlose Dasein große Areale des Alltags durchzieht. In der Konsequenz könnte vermutet werden, dass jeder Mensch mehr „draußen" als „drinnen" ist, mehr Suchender als Finder, mehr sich selbst fremd als in die Welt integriert. Doch wäre diese Annahme insofern voreilig, als die seltenen Stunden der Freude die herrliche Eigenschaft haben, über ihre Zeit hinaus zu wirken. Sie schimmern sozusagen durch ein Stück des freudlosen Daseins hindurch wie die bereits untergegangene

Tipp 5: Löse täglich das Rätsel des kleinen Glücks!

---

oder noch nicht aufgegangene Sonne in der Finsternis der Nacht ihren Schein gegen den Himmel wirft. Stunden der Freude erfüllen nicht nur sich selbst, sie verkürzen zudem die Fehlzeit von Freude in den vorhergehenden und nachfolgenden Lebensstunden, weswegen man eigentlich parallel zum Begriff der „Vorfreude" den Begriff der „Nachfreude" einführen müsste. Der Mensch in der Vor- bzw. Nachfreude befindet sich schon bzw. noch in der grundlegenden Übereinstimmung mit dem Sein der Welt, ist sich dessen aber nicht so bewusst wie der sich Freuende. Er weiß nur, dass er *gerne* existiert, aber nicht, *worin* er existiert, worin seine Übereinkunft mit der Welt besteht.

Wir sehen, die Erfahrung lehrt zwar, dass Freude und Freudlosigkeit in unserem Leben wechseln und dass die Freude rein quantitativ seltener auftritt als die Freudlosigkeit; diese Erfahrung berechtigt aber trotzdem nicht zur Resignation. Denn weil die Freude vor sich und hinter sich her in die Freudlosigkeit hineinscheint, verändert sie rein qualitativ unser gesamtes Leben. Sie ist ein Integrationsfaktor, der es uns ermöglicht, immer wieder der Entfremdung zu entrinnen und da zu sein, wo wir hingehören: bei uns selbst und mit unserem Selbst in der Welt.

Was aber geschieht, wenn der Seltenheitsgrad der Freude hochschnellt, weil sich ein Mensch kaum jemals freut oder die Momente seiner Freude, von keinem „Sinn-Grund" genährt, zu schnell verglimmen? In diesem Fall nimmt das *Fehlen von etwas* überhand, und das kurze Aufflackern einer Vor- und Nachfreude erinnert bloß schmerzlich an das Fehlende. Unter dem rosa Nachthimmel, der keine Sonne hervorbringt, erlischt der Bezug zum Tag. Damit erlischt der Bezug zu sich, zum Nächsten, zu den Ereignissen und Dingen. Der nachstehende Ausschnitt aus einer Patientenzuschrift an mich beschreibt dies sehr deutlich:

„Ich versuche mich mit allen möglichen Sprüchen, erlesenen Erfahrungen und Ermutigungsworten am Leben zu erhalten, und trotzdem zieht mich etwas nach unten. Krampfhaft will ich mich davon losreißen, denn ich weiß, ich habe kein Recht, unglücklich und deprimiert zu sein. Habe ich doch so vieles, worum mich andere Menschen beneiden würden! Auch verstehe ich vieles, fange tausend Sachen an, deren Vorbereitungen mich aktiv machen, und auf einmal ist alles wieder vorbei. Irgendwie komme ich stets zur Ausgangsposition zurück, zum Sinnlosigkeitsgefühl dem Leben gegenüber, und ich schäme mich in diesem Moment, es schwarz auf weiß niederzuschreiben. Mich interessiert kein Ziel wirklich, vielleicht bin ich krank ... Dann wieder versuche ich, mich mit einem fröhlich-unbeschwerten Zustand aufzuputschen, in dem ich mich befinde, aber das ist nichts als Selbstbetrug. Mich richtig zu freuen gelingt mir so selten ..."

Tipp 5: Löse täglich das Rätsel des kleinen Glücks!

Freude und Bezüge haben also wechselseitig miteinander zu tun. Schrumpfen Bezüge, schrumpft die Freude im und am Leben. Erlischt die Freude, erlöschen Restbezüge. Alfred Adler, der versucht hat, sämtliche Arten von Neurosen und „Nervositäten", worunter er Charakterzüge wie Ängstlichkeit, Verschrobenheit und Pessimismus verstand, auf ein unentwickeltes Gemeinschaftsgefühl zurückzuführen, meinte dazu:

„In allen Fehlschlägen des menschlichen Seelenlebens ist stets die tiefste Wurzel der Mangel des Mitlebens, Mitspielens, Mitarbeitens, Mitliebens."

Man könnte – durchaus auch mit Blick auf den oben genannten Patienten anfügen: … und des sich Mitfreuens. Von irgendeiner Kombination des „Mit-" ist im zitierten Brief bezeichnenderweise nichts zu finden.

Tipp 6:

*Genieße das Dasein,
solange du da bist!*

Die Freude als Therapeutikum

Betrachten wir im Folgenden die Freude weniger unter dem Blickwinkel eines „Gradmessers der seelischen Gesundheit", sondern eher als *Therapeutikum für seelische Krankheit*. Es liegt auf der Hand: Könnte sich jemand öfter und inniger freuen – und das könnte er eben nur „über etwas" oder „an etwas" – würde sich sein Bezug zu jenem Etwas verstärken, was gleichbedeutend wäre mit einer Erstarkung seiner „Bezugsfreudigkeit". Das Mitleben, Mitspielen, Mitarbeiten und Mitlieben (in Adlers Formulierung) würde ihm wieder geläufiger, der ihm entglittene „Sinn-Grund" würde ihm transparenter. So manche seelische Verstrickung würde sich auf der Stelle glätten – dafür garantiere ich mit meinem Namen. Der Haken dabei ist zwar, wie anfangs erwähnt, dass man sich nicht auf Befehl freuen kann. Es ist jedoch durchaus denkbar, dass die von Viktor E. Frankl so benannte „Trotzmacht des Geistes" auch der Freudlosigkeit gegenüber zum Zug kommt, und zwar in Form einer Haltung des Menschen, aus der heraus er gezielt die vielen kleinen Anlässe, die das Leben ihm zur Freude bietet, aufgreift und mit einer Aura der Besonderheit umgibt. Als ein Besonderes sprühen sie länger am Nachthimmel bzw. im Zwielicht der Vor- und Nachfreude und lassen vielleicht mit der Zeit den Tag anbrechen – den Tag einer rückgewonnenen Übereinkunft mit der Welt. In Tipp 6 seien daher einige konkrete Hinweise, wie es gelingen kann, die Freude zu intensivieren, gebündelt. Er lautet kurz und einfach: *Genieße das Dasein, solange du da bist!*

Die Freude am Tun, Gestalten, Sich-Bewegen

Beginnen wir mit Tipp 6a:
Genieße dein eigenes Dasein!

Viele Stunden täglich müssen wir eine Menge tun. Wir müssen aktiv sein und uns körperlich und geistig bewegen. Solches Tun und Sich-Bewegen kann als lästig empfunden werden, als mühseliges Sich-aufraffen-Müssen, als ermüdender Stress. Man kann alles Tun mit Widerstand tun und jede Bewegung mit einem Seufzer der Überwindung. Allein: unser Standpunkt zählt! Denn es kann auch als herrlich empfunden werden, etwas tun zu dürfen und sich bewegen zu können. Nicht gelähmt, durch Krankheit ans Bett gefesselt oder durch Schmerzen im Aktionsradius behindert zu sein. Sich nicht mehr zu bewegen, nicht einmal mehr geistig zu „wandern", heißt ja schon fast, tot zu sein.

Was im Alltag zu tun ist, kann in überwiegender Vielfalt frohen Mutes getan werden. Das Aufstehen, verbunden mit ein paar gymnastischen Übungen, bei denen man sich in Dankbarkeit für das „Wieder-geweckt-Sein" streckt und dehnt, kann zum Guten-Morgen-Ritual werden. Das Frühstück vorzubereiten, bei

Die Freude am Tun, Gestalten, Sich-Bewegen

dem sich angenehmer Kaffeeduft verbreitet, kann sich mit der Genugtuung verbinden, ein wenig Luxus zu besitzen und nicht mit leerem Magen aus dem Haus gehen zu müssen. Der Gang zur Arbeitsstätte ist in der Verkehrshektik unserer Zeit meist weniger lustig, aber geschickte Menschen vermögen auch ihm einen Funken Lustbarkeit abzugewinnen: eine kurze Runde in der frischen Luft oder eine Fahrstrecke, die langes Laufen erspart. Immerhin ist ein Gang zur Arbeitsstätte, und würde er mitten durch Benzingestank führen, hundert Mal besser, als arbeitslos zu sein und vielleicht nicht zu wissen, was man tun soll. Die Aufzählung ist beliebig fortsetzbar; jede Tätigkeit, alles was anzupacken ist, kann mit innerer Bereitschaft und im Wissen getan werden, dass es auch seine „besondere" Seite hat. Das Gekannt-Sein dieser Seite intensiviert unsere Freude an der jeweiligen Aktivität.

Untersuchen wir, warum eine solche Freude rechtmäßig als Therapeutikum zu bezeichnen ist. Nun, sie ist in einem generellen Sinne „Freude am eigenen Können". Ich *kann* aufstehen, ich *kann* das Frühstück herrichten, ich *kann* meine Arbeit verrichten usw. Ich bin ein *Könnender*, ich habe Fähigkeiten, die mir zu Verfügung stehen, auf die ich bauen kann; ich lenke geistig meinen Körper, und er gehorcht mir; ich nehme Einfluss auf meine Umwelt, und sie gestaltet sich auch nach meinem Einfluss. Wenn dies kein Anlass zur Freude ist! Selbstachtung, Selbstbewusstsein, Selbstvertrau-

Tipp 6: Genieße das Dasein, solange du da bist!

---

en schwingen im Sog der Freude am eigenen Tun mit. Wenngleich nicht als „Größenwahn", weil sie sich mit Elementen der Bescheidenheit angesichts des „unverdienten" Empfangens des Gekonnten verträglich mischen.

Demgegenüber gibt es eine typisch neurotische Lebenspraxis, deren Basis das „Nicht-können-Wollen" ist. Wer etwas nie tut, der kann es auch nicht, und wer es nicht kann, braucht es nie zu tun – so die Maxime des überängstlichen und unsicheren Menschen mit seinen zögerlichen Attitüden, dessen Hauptanliegen es ist, sich vor Verantwortlichkeit und der entschiedenen Lösung von Problemen zu drücken. Er züchtet bei sich einen in Analogie zum Totstellreflex im Tierreich definierbaren „Dummstellreflex", der gewisse kurzfristige Vorteile hat, wie sie unter dem Seligmanschen Begriff der „erlernten Hilflosigkeit" in der Fachliteratur beschrieben worden sind.

Der Vorteil, dass dem (scheinbar Dummen, aber in Wirklichkeit nur) Ängstlichen vieles abgenommen wird, dass andere Leute für ihn einspringen bzw. sich gleichsam „seinen Kopf zerbrechen" (ob gern oder ungern), ist jedoch nur erkaufbar über den Doppel-Nachteil, a) tatsächlich immer weniger zu können und b) immer weniger Freude an dem wenigen Rest-Können zu haben.

Hier setzt die Intensivierung der Freude als Therapeutikum ein: Der Mensch, der gezielt darangeht, sei-

Die Freude am Tun, Gestalten, Sich-Bewegen

nem Tun und Handeln etwas „Besonderes" zu verleihen, wird zunächst das Wenige aus dem Repertoire seiner Schaffenskraft mit mehr Genugtuung ausführen und als nächsten Schritt eher gewillt sein, sein Repertoire aufzustocken.

Ähnliches haben sämtliche Körpertherapien zum Ziel, indem sie über ein intensiveres Spüren der eigenen Körperlichkeit und Beweglichkeit den Kontakt eines Patienten mit sich selbst verbessern wollen. Aus Franklscher Sicht wäre ihr Anliegen noch dahingehend zu variieren, dass über eine Intensivierung der Freude an der eigenen geistigen und körperlichen Beweglichkeit der Kontakt des Patienten mit dem „Logos" wieder in Gang gebracht wird, mit dem Sinnvollen, das seinen Fähigkeiten entspricht, und zwar seinen echten, von keiner neurotischen Strebung beeinträchtigten Fähigkeiten.

Die Freude am Schauen, Lauschen, Denken

Einige Stunden täglich müssen wir nichts tun, zumindest nichts klar Umrissenes, von Sachzwängen Diktiertes. Es sind die Mußestunden oder gelegentlich bloß -viertelstunden, die uns allein gehören. Wir bestimmen, wofür wir sie verwenden. Keine Zeiten in unserem Leben sind uns derart „untergeben" wie diese kostbaren kleinen Freizeiten, und keine sind in Gefahr, derart dämlich verschleudert zu werden wie sie. Oft werden sie für Streit und Zank „hergerissen", mit Naschen und Fernsehkonsum „totgeschlagen" oder zwischen selbst auferlegten Arbeitsblöcken in Gleichgültigkeit „zerquetscht".

Dabei könnten sie das beste Auftankreservoir der Freude sein. Vorausgesetzt, dass nach vorangegangener Aktivität Ruhe einkehrt in die Seele, dass die Seele „baumeln" darf, wie es der Volksmund so anschaulich ausdrückt. Denn nur die „baumelnde Seele" träumt und verwebt das Grandiose und Zärtliche dieser Welt in ihren Traumgespinsten. Beim versunkenen Schauen zum Beispiel: auf einen blühenden Strauch auf der Wiese, auf ein Schneckengehäuse am moosigen Waldboden, auf eine stimmungsvolle Abbildung in einem

Die Freude am Schauen, Lauschen, Denken

Kunstband oder eine humorvolle Dekoration im Wohnzimmer ..., sie alle rücken uns näher in ihrem Erschaut-Werden und erzählen von unserem Dazugehören und Einssein mit der unbegreiflichen Fülle des Ganzen. Oder beim mitvibrierenden Lauschen, ob musikalischen Klängen oder Bachgeplätscher oder jener fast heiligen Stille, die sich an verborgenen Plätzen von allen Hintergrundgeräuschen abhebt, als ginge ein göttlicher Hauch um die Erde.

Nicht zu vergessen die Möglichkeit des träumerischen Denkens oder gar eines raketenhaft emporsteigenden Feuerwerks der Gedanken! Sie können Wunderwelten erschaffen und (zum Beispiel lesend) an nie gedachten Vorstellungen partizipieren, sie können Ideale hegen, verschlossene Türen entriegeln und mit Sachlichkeiten jonglieren, als wären sie Bauklötze kindlicher Verfügungsgewalt. Die Freude am Sehen, am Hören, am Vernehmen, am Fantasieren und Kombinieren ist die Freude eines Wesens, das nicht nur zur Veräußerlichung seiner selbst, sondern auch zur Verinnerlichung einer sich ihm partiell offenbarenden Schöpfung geboren ist.

Untersuchen wir wiederum, warum eine solche Freude rechtmäßig als Therapeutikum zu bezeichnen ist. Sie schafft Entwicklungsspielraum. Im Träumen entwickeln wir uns auf unsere Traumbilder zu. Im Entwerfen von Schönheit werden wir ein Stück schöner, im Mit-

Tipp 6: Genieße das Dasein, solange du da bist!

---

klingen von Harmonie ein Stück harmonischer. Im gedanklichen Spiel mit Wirklichkeiten ist der Keim für Wirklichkeitsveränderung enthalten.

Demgegenüber gibt es seelische Basisdefizite mit lebenslangen Konsequenzen. Disziplinlosigkeit ist ein gutes Beispiel dafür. Sie sorgt für Übergewicht genauso wie für Geldschulden oder für häufig abgebrochene Ausbildungen. Ihr und anderen Unzulänglichkeiten kann nur begegnet werden in der Einsicht und Einkehr stiller Stunden, in denen der Mensch sich mit seinen eigenen Defiziten konfrontiert, sein Leben überdenkt und von den in ihm ruhenden Entfaltungsmöglichkeiten träumt. In denen er sich befruchten lässt vom Proportionierten, Sinnigen und Vernünftig-Konsequenten, das sich ihm im feinen Hineinspüren in eine Natur und Kultur überschreitende Ganzheit enthüllt, die ihn umschließt.

Ähnliches haben fernöstlich-spirituelle Meditationskulte zum Ziel, indem sie über ein Freiwerden von drängenden Begierden und über ein Ablassen von verbissen-programmatischen Planungen der inneren Entfaltung eines Menschen – auf ein höheres existenzielles Niveau hin – Raum geben möchten.

Aus Franklscher Sicht kann ihr Anliegen dahingehend interpretiert werden, dass über eine Intensivierung der Freude an den Gedankenspielen und Träumen frei verfügbarer Zeiten die Verbindung des Menschen zum

Großen, ihm nicht Verfügbaren, aber ihn von Stufe zu Stufe Geleitenden in Gang gebracht wird, mit jenem „Logos", der sich dem Menschen nicht selten im Winzigen mitteilt, um ihm eine Teilhaberschaft am Riesigen zu verkünden.

Die Freude an gemeinsamen Unternehmungen

Fahren wir fort mit Tipp 6b: *Genieße das mitmenschliche Dasein!*

Sowohl unser aktives tägliches Tun als auch unsere Muße- und Ruhestunden verbringen wir in großem Ausmaß gemeinschaftlich mit anderen Menschen. Dies kann wiederum ein ununterbrochener Reibungspunkt oder ein zusätzlicher Quell der Freude sein. Freude wird es demjenigen bereiten, der Kooperation und Teamwork schätzt und sich bei hinreichender sozialer Kompetenz seine Individualität zu bewahren weiß. Er braucht keinerlei Rivalisieren und Konkurrieren. Er braucht sein Ansehen in der Gruppe nicht zu verteidigen, indem er andere in ein schlechtes Licht rückt. Er braucht auch nicht empfindlich zu reagieren, falls er selbst (gerechtfertigt oder nicht) in ein schlechtes Licht gerückt wird, etwa von einem anderen Gruppenmitglied. Er ist innerlich frei, sich an den Gemeinsamkeiten zu erfreuen, am beabsichtigten gemeinsamen Tun genauso wie am absichtslosen friedlichen Beisammensein.

Die Freude an gemeinsamen Unternehmungen

Diese Freude an der Gemeinschaft ist in der Tat etwas Besonderes und sollte als solches registriert werden. Man steht nicht allein da, Familie, Freunde, Bekannte und Kollegen stehen einem „zur Seite". Einer ist darunter, der einem sein Ohr leiht, wenn man sprechen will. Ein anderer ist darunter, der einen stützt, wenn man schwankt. Ein Dritter ist darunter, der einem das Gefühl gibt, ihm nicht gleichgültig zu sein. Wie oft merken miteinander liierte Menschen erst nach ihrer Trennung, was sie aneinander hatten. Wie oft ist der Nachruf positiver, als es das Zusammenleben war, und dies nicht nur aus Pietätsgründen. Die Freude, dass es den anderen gibt, dass er da ist und einem nahe ist, ist eine sehr elementare Freude, die eingedenk der Blumen, die an den Gräbern reichlich spät blühen, stets ein Quäntchen Intensivierung verdient.

Darüber hinaus gibt es die Freude an diversen Gemeinsamkeiten, die als Einzelaktionen weniger Spaß machen würden oder überhaupt nicht durchführbar wären. Am gemeinsamen Spielen zum Beispiel, das sich im Zeitalter der Schachcomputer und Videospiele als unverzichtbar entpuppt hat. Ebenso am gemeinsamen Wirken und Werken mit seinem Ergänzungscharakter. Der eine wirft den Ball, um bildlich zu sprechen, und der andere fängt ihn. Keiner kann werfen und fangen in einem. Und was würde aus dem Ballspiel, wenn beide nur werfen oder nur fangen wollten? Oder wenn einer den Ball nicht hergäbe, also das Zuwerfen verweigerte

Tipp 6: Genieße das Dasein, solange du da bist!

---

und dadurch seine eigenen Hände nicht mehr frei bekäme, um Zugeworfenes zu empfangen? Das gemeinsam Durchgeführte in seinem minutiösen Zusammenspiel ist ein Kunstwerk mehrerer Künstler, das von einem allein nicht zu schaffen wäre, aber im Entstehen alle Beteiligten mit Freude beschenkt. Dass auch Haushalt, Berufstätigkeit und Kindererziehung ein solches Gemeinschaftskunstwerk darstellen können zur Freude seiner „Künstler", daran muss heutzutage gelegentlich neu erinnert werden.

Nach dem Gesagten wird verständlich, warum die Freude an gemeinsamen Unternehmungen ein Therapeutikum spezieller Art ist. Sie reduziert den Ärger des Einzelnen. Den Ärger des Spielers, der im Spiel verliert – die Freude am gemeinsamen Spiel entschädigt ihn. Den Ärger des Ehrgeizigen, der seine Ziele isoliert nicht erreichen kann – die Freude an gemeinsamen Zielsetzungen rückt überdehnte Ansprüche wieder zurecht. Den Ärger des Loslassen-Müssenden, der seine Hände für kommendes Empfangen frei bekommt.

Wer nicht kooperativ ist, hat Mühe, sich in einer tristen Welt zu behaupten. Die Wertschätzung der Kooperation hingegen lockert die Notwendigkeit, sich zu behaupten, und entlockt der Welt einen fröhlicheren Schimmer. Wo die Kraft des Ichs endet, trägt das Wir weiter.

Die Freude an gemeinsamen Unternehmungen

Die systemischen Ansätze der Gruppen- und Familientherapie haben ebenfalls ein gut funktionierendes Wir im Blick. Durch Aufdecken der wechselseitigen Rollen und unterdrückten Motive im Beziehungsgeflecht erhoffen sie sich eine Verbesserung des zwischenmenschlichen Zusammenspiels.

Aus Franklscher Sicht ist diese Hoffnung noch günstiger zu beurteilen, wenn die Freude am Beziehungsgeflecht selbst erhalten und intensiviert wird. Denn in welche Rolle wir auch zuweilen hineinschlüpfen, welche geheimen Tendenzen uns umtreiben mögen, in der Freude sind wir so spontan und ehrlich wie selten, hingegeben an dasjenige, was zwischen den Rollen und Masken passiert – wie Kinder an einen Ball im Flug.

Die Freude an der „silent communication"
oder: Wie wohltuend eine gute Ausstrahlung ist

Im Amerikanischen gibt es den Begriff der „silent communication". Damit ist gemeint, was per Ausstrahlung von einem Menschen auf einen anderen „überläuft". Wobei sich die Begriffssphäre der „silent communication" keineswegs auf nonverbale Signale wie Körperhaltung, Mimik, Gestik und das sich darin Ausdrückende beschränkt. Sie umfasst auch Geisteshaltungen und Lebensstile einer Person, die auf ihre Mitwelt ausstrahlen. Deshalb wird in amerikanischen Psychotherapie-Ausbildungen sehr auf das Menschenbild geachtet, das ein angehender Therapeut vertritt. Denn dieses wird später bei noch so korrekter „Übertragungsabstinenz" (im psychoanalytischen Sinne) über nicht nachvollziehbare Kanäle auf seine Patienten „überlaufen" und sie beeinflussen.

Freilich kann jedem Einfluss widerstanden oder nachgegeben werden, dennoch schafft er eine Verführungssituation; und wenn Patienten schon „verführt" werden sollen, dann *zum Leben* und *zur Liebe zum Leben*. Dafür aber bedarf es eines positiven und würdigen Menschenbildes.

Die Freude an der „silent communication"

Innerhalb der menschlichen Gemeinschaft ist die „silent communication" von höherem Stellenwert, als man denkt. Es gibt Menschen, die Wohlbehagen um sich herum verbreiten. Bei ihnen „ist gut sein". Es braucht nichts Besonderes mit ihnen unternommen, besprochen oder durchdiskutiert zu werden, das Besondere ist die Atmosphäre, die sie verbreiten. Eine Atmosphäre, in der jeder frei atmen und er selbst sein darf. Mehr noch, ein Klima, in dem die besten Seiten seines Selbst zum Vorschein gelangen, ohne irgendwie „eingeklagt" worden zu sein.

Mit solchen Menschen beisammen zu sein ist die reine Freude. Weil sie das Leben lieben, locken sie die Liebe zum Leben hervor. Es ist sehr unwahrscheinlich, keinen einzigen solchen Menschen zu kennen. Steht uns aber der Kontakt mit einem solchen offen, sollten wir uns von Zeit zu Zeit von diesem „verführen" lassen, indem wir unsere Freude am gemeinsamen Kontakt intensivieren.

Es gibt Patientengeschichten, die nichts anderes sind als Geschichten von den falschen Freunden. Stets war da ein guter Kern im Menschen, auf Durchbruch durch eine „angekratzte Schale" angelegt, und stets hat dann die Verleitung über ihn gesiegt. Die Schlange aus dem Paradies, die auch außerhalb des Paradieses eine große Schauspielerin ist, hat ihre erfolgreichsten Auftritte in der Verkleidung des scheinbaren Freundes. „Sei nicht

Tipp 6: Genieße das Dasein, solange du da bist!

dumm", redet sie mit Engelszungen, „wozu schuften, wenn das Geld leichter zu bekommen ist?", oder: „Probier mal, dieser Trip ist umwerfend, das musst du erlebt haben!" Aber sie ist zu entlarven, die Schlange, denn die „silent communication" verrät sie. Was von ihr ausstrahlt, ist in Wahrheit Gleichgültigkeit. Sie liebt nicht. Denjenigen nicht, den sie gerade in ihren Netzen fangen will, und sich auch nicht. Wer die Kälte spürt, die sich hinter ihren Engelszungen verbirgt, der handelt klug, wenn er auf Abstand geht.

Aus diesem Grund ist die Freude an der „silent communication" nicht nur ein Therapeutikum, sondern sogar ein Prophylaktikum: Sie kann vor vielem bewahren. Gemeinsame Unternehmungen sind wunderbar – solange sich über die „silent communication" seelisches Wohlbehagen einstellt.

Umgekehrt bedarf das Wohlbehagen in der Nähe eines Menschen mit positiver Ausstrahlung nicht einmal gemeinsamer Unternehmungen. Es kann erbaulich sein, einem solchen hin und wieder zu begegnen und ohne Worte zu spüren, was von ihm „herüberkommt", zum eigenen Sein befreind.

In gewisser Weise tragen Schweigeübungen, wie sie zum Beispiel während klösterlicher Exerzitien praktiziert werden, dazu bei, jene „silent communication" fühlbar zu machen.

Die Freude an der „silent communication"

Aus Franklscher Sicht kommt der Haupteffekt dabei weniger durch die selbst auferlegte Beschränkung im Reden zustande als vielmehr durch eine Intensivierung der Freude an der Menge dessen, was unabhängig vom Reden zwischen uns Menschen schwingt, insbesondere zwischen Menschen mit dem Charisma der Liebe.

Die Freude an Konfliktlösung und Mediation

Dass mediatorische Handlungen wie Konfliktlösung, Streitschlichtung und Kompromisserarbeitung mit Freude in Verbindung zu bringen sind, mag überraschen. Meist erscheinen sie als notwendiges Übel und werden eher mit Wut, Hilflosigkeit und mit dem Zwang zum Gesicht-Wahren in Verbindung gebracht. Dabei bereitet es ausgesprochene „Lust", mit allen nahestehenden Menschen in einem ausgeglichenen Verhältnis zu leben und mit niemandem verfeindet zu sein. Dieselbe „Lust" kann es bereiten, auf diesen Status hinzuwirken und also an einer Friedensstiftung zu arbeiten.

Aus Franklscher Sicht hat Mediation insbesondere die Wertsysteme der im Konflikt befindlichen Parteien zu beachten. Eine allgemeine Regel lautet: *Gemeinsame Werte verbinden.* Das gilt jedoch nur unter der Voraussetzung, dass beide Seiten tatsächlich wertorientiert denken und argumentieren. Ansonsten geraten sie sich im wetteifernden Dienst am gemeinsamen Wert in die Haare, wie zum Beispiel die Ehefrau und ihre Schwiegermutter bei der Frage: „Wer versteht den

Die Freude an Konfliktlösung und Mediation

Mann/Sohn besser, du oder ich?" Statt dass sich beide absprechen, welche Art von Unterstützung dem Mann/Sohn gut täte und welche Art von Einmischung in seine Angelegenheiten ihm schaden könnte.

Unterschiedliche Werte müssen im Kontrast dazu behutsam gehandhabt werden. Sie trennen, wenn beide Seiten bar jeglichen Einfühlungsvermögens sind. Bemüht sich jedoch eine Seite, sich in die Wertewelt der anderen Seite hineinzutasten, merkt sie bald, dass auch jene andere Seite nicht nur egoistische und destruktive Anliegen verfolgt, was ihr bei einem Streit üblicherweise angedichtet wird. Die Erkenntnis, welche Werte für den „Feind" ausschlaggebende Bedeutung haben, rüttelt am Feindbild und stimmt milde. Ein „wertorientierter Feind" kann kein „ganz böser" sein.

Was die Freude an der gegenseitigen Besichtigung der Wertsysteme auf der Suche nach Befriedung krisengeschüttelter zwischenmenschlicher Beziehungen einschränkt, ist gewöhnlich ein einziger Aspekt, nämlich die Schuldzuweisung. Sowohl der *Angriff* als auch das *Sich-Angegriffen-Fühlen*. In dem Augenblick, da sich die Gesprächsspirale um Anklage und Rechtfertigung zu drehen beginnt, ist die Chance, über eine Erhellung der beidseitigen Wertsysteme einen Konsens herbeizuführen, vorerst vertan.

Dass ein (aggressiver?) Angriff unheilvolle Auswirkungen zeitigt, bedarf keiner weiteren Erläuterung.

Tipp 6: Genieße das Dasein, solange du da bist!

Dass jedoch das Sich-Angegriffen-Fühlen vergleichbar unheilvoll sein kann, ist weniger bekannt und soll deshalb anhand einer Mini-Kommunikationseinheit demonstriert werden:

Eine Mutter hat Besuch von ihrem erwachsenen Sohn. Sie will eine Jalousie vor dem Fenster herablassen und zieht an der Jalousieschnur, welche reißt. Sogleich ruft ihr Sohn aus: „Gott sei Dank, dass *ich* das nicht war!"

In dieser Antwort des Sohnes steckt eine Menge „Zündstoff" für Disharmonie.

1. Er denkt und argumentiert nicht wertorientiert. Der „beschädigte" Wert der Jalousie – vernetzt mit dem Wert eines gemütlichen Heims – ist für ihn irrelevant. Was für ihn zählt, ist bloß, ob er daran schuld ist. Da er es nicht ist, ist die Welt für ihn „in Ordnung".

2. Wenn die Jalousie schon keinen gemeinsamen Wert für ihn und die Mutter darstellt, bedeutet sie doch in der genannten Vernetzung vielleicht einen Wert für die Mutter. Aber der Sohn fühlt sich darin nicht ein, indem er etwa sein Bedauern äußert oder seine Hilfe bei der Wiederbefestigung der Schnur anbietet. Da er am Reißen der Schnur nicht schuld ist, geht ihn die Reparatur „nichts an".

Die Freude an Konfliktlösung und Mediation

Für das Verhalten des Sohnes drängt sich eine Erklärung auf, die mit seiner Kindheit zu tun hat. Der Verdacht ist nicht auszuschließen, dass er während seines Entwicklungs- und Werdeprozesses heftige Vorwürfe für kleine Vergehen hat einstecken müssen und deshalb in dieser Richtung sensibilisiert ist. Doch wer weiß, ob diese Hypothese einer Überprüfung standhielte? Es gibt überempfindliche Menschen, die kaum mehr Kritik als andere erhalten haben, aber allergischer darauf reagieren als andere. Jedenfalls trägt eine solche „automatische Angriffsabwehr", die (auch ohne erfolgten Angriff) ständig in Alarmbereitschaft ist und durch winzige Ereignisse gestartet werden kann, nicht zur Entschärfung kritischer Gesamtsituationen bei. So braucht etwa die Mutter im genannten Beispiel gute Nerven, um den inadäquaten Ausruf ihres erwachsenen Sohnes gelassen und humorvoll hinzunehmen.

Ein hervorragendes Therapeutikum gegen Schuldzuweisungen und Zurückweisungen von - echten oder vermeintlichen - Schuldzuweisungen ist nun die *Freude an der positiven Konfliktlösung*. Sie darf nicht verwechselt werden mit einer lauen Beschwichtigungstendenz, wie sie konfliktscheuen Menschen eignet, die innerlich weiterhin auf der Vorwurfsebene vor sich hin brüten. Nein, die Freude an der positiven Konfliktlösung legt die Schuldfrage zur Seite und stellt die Wertfrage in den Mittelpunkt. Welche Werte welcher Person sind bedroht, beschädigt, und wie können sie gemein-

Tipp 6: Genieße das Dasein, solange du da bist!

---

sam „repariert" werden, ohne dass einer der Beteiligten einschneidende Eingriffe in sein eigenes Wertsystem in Kauf nehmen muss? Ein spannendes Unternehmen, auch in der Variante der Mediation, bei der ein Unbeteiligter seinen Beistand anbietet.

In den letzten Jahrzehnten sind zusätzlich zu den Eheberatungen sogenannte Scheidungsberatungen modern geworden, bei denen neben Psychologen auch Juristen und Finanzexperten mit den Trennungswilligen zusammen Neuregelungen für „danach" suchen. Dass dieser Trend trotz seiner unbestreitbaren Aktualität kein gutes Zeichen im Sinne der Volksgesundheit ist, ist nicht zu verhehlen. Aus Franklscher Sicht, die ausgesprochen „familienfreundlich" ist, wird befürwortet, dass derartige Mediationen vorrangig darauf hinauslaufen, dass die Trennungswilligen ihre Freude an der positiven Konfliktlösung intensivieren, indem sie die gegenseitigen Wertsysteme erforschen. Was sie dabei entdecken, könnte sie Vorwürfe vergessen und Frieden schätzen lassen.

Die Freude
an der Freude eines anderen

Eine Abhandlung über die Freude darf nicht enden ohne Hinweis auf die höchste und vollendetste Form der Freude, nämlich die Freude an der Freude eines anderen Menschen. Allerdings ist diese Freude nicht „billig" zu haben. Sie verlangt ein Ablegen sämtlicher Regungen von Missgunst und Neid, deren Nährboden die nach gerechtem Ausgleich heischende Frage ist, warum es einem anderen denn besser gehen soll als einem selber? Diese Frage führt nicht weiter.

Nehmen wir zum Beispiel an, eine Frau erleidet Schiffbruch in ihrer Partnerschaft. Sie erhält Besuch von einer früheren Schulkollegin, die ihr strahlend erzählt, dass sie jung verheiratet ist und „im siebten Himmel schwebt". Wie schwer mag es jener Frau, die gerade ihre zerbrochene Partnerschaft beweint, ums Herz werden, wenn sie den Schwärmereien ihrer Schulkollegin zuhört! Natürlich weiß sie, dass eine glückliche Ehe dem „Himmel" gleicht. Sie weiß es besser als je zuvor, weil sie selbst aus diesem Himmel abgestürzt ist. Das heißt, sie weiß genau, dass ihre Schulkollegin allen Grund zur Freude hat, die Frage ist nur, ob sie ihr diese Freude auch *gönnt*? Und dabei ist das gnädige Gön-

Tipp 6: Genieße das Dasein, solange du da bist!

---

nen einer Freude noch eine Etage niedriger angesiedelt als das Sich-aufrichtig-Mitfreuen.

Zweifellos könnte sich die Frau aus unserem Beispiel eher mit ihrer Schulkollegin mitfreuen, wenn ihre eigene Partnerschaft intakt wäre. Obwohl ihr in diesem Fall wiederum nicht so deutlich vor Augen stünde, welch profunden Grund zur Freude ihre Kollegin hat. Aus dieser Beobachtung lässt sich das Paradoxon ableiten, dass wir umso weniger geneigt sind, einem anderen Menschen eine Freude zu „gestatten", je mehr wir in der eigenen bitteren Erfahrung den Grund seiner Freude vermissen – und also um ihn wissen. Oder kürzer ausgedrückt: Sich mitfreuen ist erheblich leichter für die sich Freuenden als für die Freudlosen.

Gibt es ein Entrinnen aus dieser Widersprüchlichkeit? Gewiss, sobald die Freudlosen beginnen, ihre Mitfreude an der Freude der sich Freuenden zu intensivieren! Würde sich die Frau aus unserem Beispiel überwinden und das Glück ihrer Schulkollegin begrüßen, würde ihre Mitfreude Balsam auf das Beweinen der eigenen zerbrochenen Partnerschaft träufeln. Sie würde plötzlich nicht mehr mitten in ihrem Elend stecken, sondern stünde „darauf", stünde „darüber", stünde in einer Distanz dazu, die es ihren Wunden erlaubte zu vernarben. Na, wenn das kein Therapeutikum ist!

Die Freude, dass es einem oder mehreren anderen gut geht, besitzt geradezu „Weltverbesserungspotenzial". Man stelle sich vor, Völker würden jubeln, wenn

Die Freude an der Freude eines anderen

ihre Nachbarn in beständigem Frieden und Wohlstand leben. Wie würde doch der Planet Erde sein Antlitz verändern! Wie überflüssig würden Ängste und Misstrauen, Rückversicherungen und Abgrenzungen mit einem Male werden! Man braucht sich diese Utopie nicht in allen Einzelheiten auszumalen, um eine Ahnung von dem ungeheuren Potenzial der Mitfreude zu gewinnen. Es genügt vollauf, im eigenen Haus und Bekanntenkreis einen Versuch mit ihr zu starten, um zu erfahren, was diese höchste Form der Freude zu bewirken vermag: *Es gibt kein Elend und keinen Zustand absoluter Freudlosigkeit, aus dem sie nicht schrittweise herauszuführen vermöchte.*

Freilich, wir sagten, sie ist nicht „billig" zu haben. Um die Freude an der Freude eines anderen zu intensivieren, müssen wir wahrlich unsere „Trotzmacht des Geistes" (Frankl) anzapfen, jene Macht, die uns hilft, selbst einem „höllischen" Schicksal noch die Stirn zu bieten, die uns aber nicht minder befähigt, dem „himmlischen" Schicksal unserer Mitmenschen ein wohlwollendes Lächeln zu schenken. Kommt es aus ehrlichem Herzen, ist der „Himmel" auch in uns.

Deshalb habe ich dem Rat suchenden Patienten, aus dessen Brief ich im vorigen Kapitel eine Textstelle zitiert habe, folgendermaßen geantwortet:

„Sie versuchen, sich aufzumuntern, Sie kämpfen gegen Ihr Unglücklichsein, Sie wissen, dass Sie beneidet werden können, Sie verstehen vieles, Sie schämen sich

Tipp 6: Genieße das Dasein, solange du da bist!

Ihrer Klagen, Sie interessieren sich für nichts, Sie betrügen sich selbst, Sie freuen sich selten – und so fort. Ihr Leben hat sich völlig auf Sie selbst zurückgebogen (‚irgendwie komme ich stets zur Ausgangsposition zurück ...') – wie ein Bumerang, der seine Beute verfehlt hat und zum Jäger zurückgekehrt ist.

Senden Sie diesen Bumerang noch einmal in entgegengesetzter Richtung aus. Versuchen Sie, *jemanden* aufzumuntern. Kämpfen Sie gegen *sein* Unglücklichsein. Teilen Sie mit ihm, was Sie haben, damit *er* Sie nicht zu beneiden braucht. Nützen Sie Ihre Kenntnisse zu *seinem* Wohl und schämen Sie sich nicht, *seine* Klagen anzuhören. Interessieren Sie sich für *ihn* und betrügen Sie *ihn* nicht. Und wenn es ihm allmählich besser geht, freuen Sie sich mit ihm. *Dieser* Bumerang wird treffen; und sobald er getroffen hat, wofür er gebaut war, kehrt er nie mehr zu Ihnen zurück. Dann richtet sich Ihr verbogenes Leben wieder gerade aus und verbindet Sie mit dem Grund einer echten Freude daran."

Lange erhielt ich keine Rückmeldung. Doch eines Tages rief er mich an, „um mir mit seinem Dank Freude zu bereiten", und ich begriff – tatsächlich zu meiner Freude! –: der Himmel war in ihm.

Tipp 7:

... auch ohne zu sehen!

Oder:

*Selbst wenn nicht
der geringste
Grund zur Freude
in Sichtweite ist –
es gibt ihn!*

Was ist stärker: Freud oder Leid?

Wir haben eine Reihe von Gründen zur Freude, die das Leben uns gewährt, beleuchtet. Aber ich kann ein Buch über „den schönen Götterfunken" nicht abschließen ohne das klare und deutliche Eingeständnis, dass das Leben uns auch Gründe zur Trauer vorlegt. Manchmal sprühen grausame Funken des Leides vor uns auf und mitten in uns hinein. Sind dies ebenfalls „Götterfunken"? Vielleicht. Wer kann das sagen?

Die Psychologie und Psychotherapie vermag inzwischen einiges abzufedern. Nicht umsonst schickt man ihre Fachkräfte bei jedem größeren Katastrophenfall ins Rennen. Allerdings handelt es sich dabei eher um „hilflose Hilfsversuche", wo es nichts mehr zu helfen gibt. Immerhin, der Versuch allein beweist die Anteilnahme der Nicht-Betroffenen, und das ist schon tröstlich. Dennoch: Was kann eigentlich ein Nicht-vom-Leid-Betroffener einem Betroffenen vermitteln? Die besten „Tröster" bleiben allemal die Betroffenen selbst in Gegenseitigkeit. *Sie* verstehen einander. *Sie* sind die „Wissenden", wohingegen die Nicht-Betroffenen die „Unwissenden" sind und bleiben, bei allem Mitgefühl, das sie aufbringen mögen. Es ist ein unüberbrückbarer

Was ist stärker: Freude oder Leid?

Unterschied, ob man selbst von einem Leid betroffen ist oder nicht. Insofern steht der leidende Mensch stets in totaler Einsamkeit mit seinem Schmerz da, einsam im ganzen Universum, höchstens noch eingegliedert in eine „Solidargemeinschaft" ähnlich leidender Menschen rund um den Erdball.

Aber ist er wirklich absolut einsam? Wer weiß? Sollte selbst das Leiden noch ein „Götterfunke" sein, was wir in unserer Beschränktheit selbstverständlich nicht verstehen können, dann wäre die totale Einsamkeit des leidenden Menschen eine glatte Täuschung im Spiegel seiner geistigen Beschränktheit. Dann wäre er – geborgen. Dann wäre er – gerettet. Dann, ja dann gäbe es letztlich ein wesentlich griffigeres Argument für die Freude als für die Trauer. Die Gründe zur Freude würden den endgültigen Sieg davontragen – der „tragischen Trias" (Frankl) von Leid, Schuld und Tod, der wir auf Schritt und Tritt begegnen, zum Trotz.

Die Wissenschaften können uns bei solchen Überlegungen kaum dienlich sein. Die Religionen wohl, obzwar ihre Denkfiguren hauptsächlich gläubige Personen erreichen. Aber es gibt noch ein Genre, das irgendwo dazwischen angesiedelt ist, zwischen Wissen und Glauben, zwischen Empirie und Fantasie, zwischen nüchterner Dokumentation und genialer Intuition ..., und das ist die Dichtkunst. In ihren Werken gerinnen uralte Ahnungen zu mystischen Gewissheiten, in ihren Meta-

Tipp 7: ... auch ohne zu sehen

phern wallen die Grenzen vom Diesseits und Jenseits auf und ab, wobei es geschehen kann, dass für Augenblicke ein minimaler Korridor entsteht, durch den „hinübergeblinzelt" werden kann.

Insbesondere die (gewachsenen) Märchen, Mythen und Legenden mit ihrer gewaltigen Symbolkraft verfügen über ein solches Potenzial. Es ist deswegen unendlich schade, sie etwa tiefenpsychologisch zu „zer-deuten", was man leider in den 80er- und 90er-Jahren des vorigen Jahrhunderts bis zum Exzess getan hat. Bei solchen Deutungen kommt es zu Entwertungen, indem „höheren" Inhalten „niedrigere" Stellvertretungen zugesprochen werden. Davon nimmt die Franklsche Therapierichtung entschieden Abstand. In ihren Auslegungen steht der gerechte Riese nicht für prahlende Männlichkeit, der ehrsame Bauer nicht für tölpelhafte Ich-Schwäche und die geliebte Rose nicht für den Mutterschoß, der das auszutreibende Kind mit narzisstischen Stacheln festhält (vgl. dazu Eugen Drewermanns Deutung des „Kleinen Prinzen" von Saint-Exupéry). „Entlarvung" in Richtung primitiver Triebhaftigkeit und versteckter Persönlichkeitsentgleisungen geschieht nicht. Wobei nicht geleugnet werden soll, dass derartige Symbolinterpretationen in Ausnahmefällen, zum Beispiel bei Texten Pubertierender, ihre Berechtigung haben könnten. Nur lohnt es nicht, sich übermäßig damit zu beschäftigen.

Was ist stärker: Freude oder Leid?

Wenn aber entwertende und „Echtheit hinterfragende" Deutungen ausgeklammert werden, welche Deutungen dürfen dann noch als „zulässig" gelten? Ich meine, vor allem diejenigen, die einen Erfahrungsweg ebnen, auf dem der Mensch in seinen über das rein Physische hinausgehenden Seinsgrund eingewurzelt werden kann. Dieses (durchaus heilsame) Ziel rechtfertigt das *Deutungsrisiko*, das nie ganz auszuklammern ist, denn jedwedes Deuten bewegt sich in der Grauzone zwischen Wahrheitsfindung und Betrug, was im therapeutischen Kontext heißt: zwischen seriöser Hilfe und unverantwortbarer Gaukelei.

Das folgende Beispiel zeigt eine nicht bloß gerechtfertigte, sondern extrem tröstliche (wahrheitsnahe?) „Deutung", die nicht von mir, sondern von einer Patientin von mir initiiert worden ist. Ich habe ihre Anregung lediglich aufgegriffen und, da sie mir von besonderer Relevanz erschien, „ausgesponnen". Ich möchte sie speziell an diejenigen Leser und Leserinnen weitergeben, die gerade ein schweres Los zu tragen haben und ihnen damit meinen *siebenten und letzten Tipp* vermitteln: *Selbst wenn nicht der geringste Grund zur Freude in Sichtweite ist – es gibt ihn!*

Es gibt so vieles, das man nicht sieht, wie die Rückseite des Mondes oder die Sonne hinter einer Wolkenschicht. Das Nicht-Sehen von etwas ist kein Beweis für dessen Nicht-vorhanden-Sein. Der „unsichtbare", aber

Tipp 7: ... auch ohne zu sehen

---

immer währende Grund zur Freude ist nicht *von* dieser Welt, aber er ist *in* dieser Welt. Rund um jeden weinenden Menschen schließt er sich zu einem Kreis wie ein Rettungsring. Der Verzweifelte bemerkt ihn nicht und fürchtet unterzugehen – würde er ihn bemerken, ach, wie froh wäre er! Man übe sich daher in dem „geistig-akrobatischen Spagat", *froh zu sein, ohne zu sehen* (eingedenk des biblischen Spruchs: „Selig, die nicht sehen und doch glauben!").

Die Metapher der Engel

Die Patientin, deren Inspiration ich angekündigt habe, berichtete mir einst, wie sie ihre Zukunftsängste im Zusammenhang mit einem fortschreitenden Nierenleiden und einer brüchig gewordenen Partnerbeziehung zu meistern versuchte. Und zwar stellte sie sich an jedem Abend vor dem Einschlafen plastisch vor, wie rund um ihr Bett Engel Position bezögen, um ihren Schlaf zu bewachen und zu behüten, wobei ihr die musikalisch meisterhaft gestaltete „Engelszene" aus Engelbert Humperdincks Oper „Hänsel und Gretel" als Modell diente. In der entsprechenden Szene heißt es:

> Abends will ich schlafen gehn,
> vierzehn Engel um mich stehn:
> zwei zu meinen Häupten,
> zwei zu meinen Füßen,
> zwei zu meiner Rechten,
> zwei zu meiner Linken,
> zweie, die mich decken,
> zweie, die mich wecken,
> zweie, die mich weisen
> zu Himmels Paradeisen!

Tipp 7: ... auch ohne zu sehen

Die Visualisierung dieses traumhaft schönen Bühnenbildes als ihr eigenes „Traumbild" beruhige sie so sehr, sagte meine Patientin, dass es ihr gelinge, nahezu sorgenfrei die Augen zu schließen und mit jedem neu anbrechenden Tag ihr weiteres Geschick getrost auf sich zukommen zu lassen.

Ich staunte über die Tapferkeit der Frau. Chronisch krank, mit schlechter Prognose, vom Freund im Stich gelassen und mit wenig Geldreserven ausgestattet, hatte sie dennoch ihren „Rettungsring" gefunden, hatte ihn mit inneren Augen erspäht, was ihr so leicht niemand nachmachte. Diese Wahrnehmung wollte ich verstärken, denn sie sollte ihr einen festen Halt bieten, wenn sie einen solchen vielleicht eines Tages bitter nötig haben würde. Deswegen begann ich gemeinsam mit der Patientin über die Opernfassung des Märchens „Hänsel und Gretel" und die darin enthaltene Botschaft der Engelszene nachzudenken. Wir beide tasteten gleichsam nach der „Essenz" der von ihr erlebten Beruhigung, suchten die der märchenhaften Ausschmückung zugrunde liegende unbewusste Gewissheit herauszukristallisieren. Was wir entdeckten, ist genau genommen: gigantisch.

Die Metapher der Engel

Erste Erkenntnis: Die Engel treten im Augenblick der grössten Verlassenheit und Verirrung auf

Die Engel treten zu einem ganz bestimmten Zeitpunkt auf. Und zwar ist es der Zeitpunkt, da die Kinder völlig *verlassen sind und sich verirrt* haben, verlassen von ihren Eltern und verirrt im gespenstisch dunklen Wald.

Die Verlassenheit der Kinder ist deswegen so total, weil ihre Mutter aus einer Überforderungssituation heraus die Nerven verloren hat und schwach geworden ist. Sie hat den Topf mit der Milch zerschlagen, die die Grundlage für die Abendmahlzeit der Familie gewesen wäre, und daraufhin in ihrer Not die Kinder – viel zu spät in der Dämmerung – zum Erdbeerenpflücken aus dem Haus geschickt. Der Vater, der die Gefährdung der Kinder klarer als die Mutter eingeschätzt und folglich eingegriffen hätte, war noch nicht daheim gewesen. So haben in gewisser Weise beide Eltern „gefehlt", die Mutter in ihrer Aufsichtspflicht, der Vater in seiner Anwesenheit. Und da Kinder nur zwei Eltern haben, sind sie, wenn beide „fehlen", eben völlig verlassen.

Aber die Kinder haben natürlich sich. Sich selbst und einander. Und sie haben einen Auftrag: die Erdbeeren zu holen und der hungrigen Familie zu bringen. Sie haben die Gelegenheit, viele zuvor erbrachten Liebesbeweise ihrer Eltern jetzt, da die Mutter einmal schwach geworden ist und der Vater sich abrackernd verspätet hat, mit einer hilfsbereiten Tat zu vergelten. Doch die Kinder lassen sich verleiten, die gepflückten Erdbeeren selber zu essen, und das heißt „in Übersetzung": Sie schlagen den falschen Weg ein. Sie erfüllen den Auftrag nicht. So wie sie mit ihrem Herzen zu wenig daheim bei der weinenden Mutter weilen, so kommen sie auch als Personen nicht mehr heim. Sie haben ihre Orientierung verloren und sich total verirrt.

Es ist keine sehr gewagte Interpretation, wenn man *Verlassenheit* als die Chiffre für das *Leid* im menschlichen Leben betrachtet – hat doch sogar der Gekreuzigte in seiner schwersten Stunde nach dem Grund seines Verlassen-Seins gerufen.

Auch ist es nicht aus der Luft gegriffen, *Verirrtheit* als die Chiffre für das Phänomen *Schuld* im menschlichen Leben anzusehen. Ist doch alles Schuldig-Werden ein Versäumnis des rechten Weges, ein Abweichen vom uns Gewiesenen. Womit Verlassenheit und Verirrtheit bildlich stehen können für die beiden „lebendigen Säulen" der „tragischen Trias" (Frankl) von Leid, Schuld und Tod, die das gesamte Schmerzgebäude menschlicher Existenz aufspannen.

Genau zu dem Zeitpunkt aber, um zu Humperdincks Oper zurückzukehren, da beide „Säulen" zu „brennen" beginnen, also im Moment der größten Verlassenheit und Verirrtheit, kommen die Engel.

Zweite Erkenntnis: Die Engel treten nicht als Retter auf

Die Engel treten in der höchsten Not auf, wie wir herausgearbeitet haben, aber nicht als Retter. Sie nehmen die Kinder nicht bei der Hand und führen sie nicht aus dem finsteren Wald nach Hause in die Geborgenheit. Sie verhindern auch nicht, dass die Kinder am nächsten Tag der Hexe in die Arme laufen werden, und halten auch nicht schützend ihre Flügel zwischen sie und die Käfigstäbe bzw. Backofentüre.

Nein, die Engel greifen in das dramatische Geschehen im Wald nicht ein, wie sie es auf Erden nicht tun. Sie stehen jedoch als die Garanten eines ewigen Ratschlusses da, der zugunsten der Rettung von uns Menschen gefallen ist. Und so erscheinen sie in der Oper als sichtbar gewordene Prophezeiung eines glücklichen Ausgangs der zu erwartenden Geschehnisse – am Ort der Verlassenheit und Verirrtheit und umgeben die Kinder mit einer Aura prinzipieller Unversehrbarkeit. Keine zornig-depressive Mutter, kein im Abseits befindlicher Vater und nicht einmal das Böse an sich in Hexengestalt kann die Kinder wirklich beschädigen. Sie werden durch Leid und Schuld hindurchstolpern müssen, sie werden Versuchungen erliegen, Existenzbedrohung erleben, und sie werden sich selbst sehr anstrengen müssen, um ihr Erdendasein zu sichern, aber „hinter" und „über" all dem sind sie längst gerettet,

Tipp 7: ... auch ohne zu sehen

---

aufgenommen im Hause eines unfehlbaren „Vaters". Der Ring des Heils, der sich in der Metapher Engel um sie schließt - exakt schließt, sobald das Unheil vehement nach ihnen greift! -, ist nicht mehr zu sprengen.

In dieser Auslegung hat die Hexe nie eine echte Chance gehabt, von allem Anfang an nicht. Sie hat ihr Hexenhaus umsonst gebaut, ihre Tricks, ihre Tarnung umsonst eingeübt. Die böse Saat ihres Handelns geht nicht auf, obwohl keine himmlische Kraft sie dabei stört. Sie darf Kinder anlocken, quälen und auffressen, aber es nützt ihr nichts, denn die Engel sind um jedes Kind. Es ist ein merkwürdiger Gesichtspunkt, dass das Böse gerade deswegen unbehelligt in der Welt wirken darf, weil sein Wirken a priori „umsonst" ist.

Dritte Erkenntnis: Dass die Engel „im Schlaf" kommen, ist Grund zu Vertrauen

Die Engel erscheinen nicht nur zum Zeitpunkt größter Not, sondern auch zum Zeitpunkt geringster Wachheit der Kinder. Die Kinder haben sich, orientierungslos und müde wie sie sind, im Wald eng aneinandergeschmiegt niedergelegt und sind eingeschlafen. Nichts vom Ring des Heils, der sich um sie schließt, wird ihnen bewusst. Nicht, dass zwei Engel zu ihren Füßen Stellung beziehen, und nicht, dass zwei zu ihren Häuptern stehen ... Sie wissen rein gar nichts von der

Die Metapher der Engel

Garantie des „guten Ausgangs", die ihnen mit diesem lichtvollen Bilde zuerteilt ist.

Wäre es nicht tröstlich für sie, wenn sie es wüssten? Wäre es nicht unerhört erleichternd für sie, wenn sie den Reigen der Engel um sich herum zu Gesicht bekämen und am nächsten Tag aus der Erinnerung daran die Kraft zur Begegnung mit der Hexe schöpfen könnten? Würden nicht schier alle Ängste mit einem Schlage von ihnen abfallen, wenn sie mit wachen Augen *sehen* könnten, was sich ihnen im Schlafe offenbart?

Gerade so denken wir Menschen. Wir möchten erst sehen – und dann vertrauen; wir möchten erst wissen – und dann glauben. Wir wollen die Garantie schwarz auf weiß haben, um uns zu beruhigen. Doch wären wir in diesem Falle tatsächlich beruhigt? Würden die Zweifel nicht weiterhin ihren Spuk mit uns treiben? Angenommen, Hänsel und Gretel hätten des Nachts ihre Augen geöffnet und verwundert um sich geblickt: Hätte nicht bereits das Morgengrauen den Verdacht in ihnen geweckt, „bloß" geträumt zu haben?

Und noch ein Gedanke: Würden wir überhaupt begreifen, wenn wir *sehen* könnten, *was* wir sehen? Angenommen, die Kinder hätten die Engelschar um sich herum wahrgenommen – was davon wäre in ihrem Bewusstsein hängen geblieben? Freundliche Besucher? Anmutige Elfen? Fließende Gewänder und funkelnde Kränze? Hätten sie die Botschaft des ewigen Ratschlusses begreifen können? Wohl kaum. Es ist zu ver-

Tipp 7: ... auch ohne zu sehen

muten, dass sie später mit demselben Herzklopfen in der Falle der Hexe gesessen hätten.

Unser Bewusstsein ist nicht das Instrument, das fassen könnte, was jenseits unserer Erfassensgrenzen liegt. Es ist ungeeignet für „transzendente Erfahrungen", weshalb sich solche am ehesten bei reduzierter Wachheit einstellen. Das bedeutet aber nicht, dass solche Erfahrungen nicht in uns einsickern und unsere Seelen berühren würden. Denn auch was uns nicht bewusst wird, klingt und schwingt in uns nach. Hierin stimmt die Franklsche Denkweise mit der Tiefenpsychologie überein. Nur gabelt sich ihr Interpretationsmuster in Bezug auf Qualität und Inhalt dessen, was da unbewusst in uns schwingt.

Aus Franklscher Sicht jedenfalls wird die Möglichkeit wohlwollend bejaht, dass Humperdincks Oper vom Lebens- und Reifeweg des Menschen erzählt, von des Menschen Verlassenheit und Verirrtheit und von seinem *Trotzdem-bewahrt-Sein, im Prinzip und für immer*, welches ihm niemals zu Bewusstsein kommt und auch keine irdische Schonung verspricht, aber unbewusst in ihm klingt und schwingt, sobald die „Engel" ihren Ring um ihn geschlossen haben. Wer sich jener transzendenten Erfahrung mit den geschlossenen Augen eines schlafenden Kindes anvertrauen kann – wie es jener Patientin von mir gelungen ist –, braucht die „Hexe" im Leben nicht mehr zu fürchten.

„Synchronisation in Birkenwald"

Im Franklschen Schrifttum gibt es eine Textstelle, an der die Metapher „Engel" auf sehr ähnliche Weise verstanden und verwendet wird wie in der oben genannten Deutung, wenn auch in einem konträren Zusammenhang. Nämlich im Zusammenhang einer dichterischen Beschreibung der entsetzlichen Vorgänge in den Konzentrationslagern des Zweiten Weltkriegs. Dass es sich hierbei um keine „Märchen" gehandelt hat, ist hinlänglich bekannt. Im Theaterstück „Synchronisation in Birkenwald", welches Frankls im Konzentrationslager umgekommenem Vater gewidmet ist (aufgenommen im Buch „... trotzdem Ja zum Leben sagen", dtv, München) schilderte Viktor E. Frankl anhand des Schicksals einiger Häftlinge ihre Auseinandersetzung mit ihrer desolaten Situation. Gleichzeitig beleuchtet er dieselbe Situation aus „höherer" Warte unter dem Aspekt einer „metaphysischen Konferenz" bedeutender (längst verstorbener) Philosophen, die die schlimmen Vorgänge auf Erden beobachten und kommentieren.

In diesem Theaterstück tritt nun ein Engel auf: der sogenannte „schwarze Engel". Er hat einen weit unangenehmeren Auftrag zu erfüllen als die sanften und singenden Engel im Walde von Hänsel und Gretel, denn er muss das inhaftierte Brüderpaar Franz und Karl prüfen, zur Vollendung ihrer Leben geleiten und „heim" holen. Dennoch verhält er sich den vorhin ermittelten Erkenntnissen analog.

1. DER ENGEL TRITT AUF
Der Engel tritt im Moment der größten Verlassenheit und Verirrtheit der Häftlinge auf.

Karl hat einen falschen Namen und eine falsche Nummer auf einer Transportliste angegeben, um von seinem Bruder Franz nicht getrennt zu werden. Dabei ist er vom Lagerältesten gedeckt worden, dessen Namen er, nachdem der Schwindel aufgeflogen ist, verraten soll. Das Brüderpaar steht allein da mit seiner tödlichen Bedrohung, mit seiner Verantwortung, mit der Frage, wer sich für wen und wofür opfern soll – oder auch nicht? Keiner kann ihnen helfen, kann ihnen die Entscheidung abnehmen, selbst die Mutter, die Franz in seiner Verzweiflung um Beistand anfleht, ist tot.

2. DER ENGEL SCHÜTZT NICHT
Der Engel führt die Brüder aus ihrer Bedrängnis nicht heraus und schützt sie nicht vor Schmerz.

Das pure Gegenteil geschieht. Der „schwarze Engel" bedient sich der Person eines psychopathischen SS-Mannes, welcher Karl bis aufs Blut quält. Dies beunruhigt sogar die Mutter, die von „oben" zuschauen muss. Da wird ihr gesagt: „Haben Sie denn nicht gesehen, es war ein Engel vorhin hier" - ein versteckter Hinweis auf die Garantie des „guten Ausganges"? Karl erfüllt, was ihm abverlangt ist; er wird nicht zum Verräter und besteht sterbend sein Leben. Sein Vorbild springt wie ein Funke auf den Bruder über, der ihm mit einem gleichermaßen großartigen „Schlussakkord" nachfolgen wird.

3. Der Engel wird nicht bewusst
Der Engel, der das Geschick der Brüder leitet und bewacht, wird ihnen nicht bewusst.

Erst als Karl im Tode „heim" kommt, stellt ihm die Mutter seinen „schwarzen Engel" vor. Karl kennt ihn nicht, aber er verneigt sich: „Ich danke Ihnen." Da spricht der Engel: „Mir? Sie haben doch gehört: über Auftrag ..." Zur gleichen Zeit ist der Engel bei Franz, der noch lebt und nichts von seinem Begleiter ahnt. Aber der Engel ist um ihn, und dies genügt. Des Engels Botschaft sickert in ihn ein und lässt ihn - mitten in der irdischen Hölle - aus unbewusster Tiefe heraus voll Inbrunst sagen: „Ich glaube! An mich! An dich, Mutter! ... Karl! ... Herr!"

Eigene Notizen

Eigene Notizen

Über die Autorin

Dr. habil. Elisabeth Lukas, geboren 1942 in Wien, ist Schülerin von Prof. Viktor E. Frankl. Als Klinische Psychologin und approbierte Psychotherapeutin spezialisierte sie sich auf die praktische Anwendung der Logotherapie, die sie methodisch weiterentwickelte. Nach 13-jähriger Tätigkeit in Erziehungs-, Familien- und Lebensberatungsstellen übernahm sie 1986 die fachliche Leitung des von ihrem Mann und ihr gegründeten „Süddeutschen Instituts für Logotherapie GmbH" in Fürstenfeldbruck bei München, die sie 17 Jahre lang innehatte. Zur Zeit ist sie noch als Lehrtherapeutin beim österreichischen Logotherapie-Ausbildungsinstitut ABILE tätig

Vorträge und Vorlesungen auf Einladung von mehr als 50 Universitäten (darunter länger andauernde Lehraufträge an den Universitäten München, Innsbruck und Wien) sowie Publikationen in 16 Sprachen machten sie international bekannt.

Ihr Werk ist mit der Ehrenmedaille der *Santa Clara University* in Kalifornien für herausragende Verdienste auf dem Gebiet der Psychologie und mit dem großen Preis des Viktor-Frankl-Fonds der Stadt Wien ausgezeichnet worden.

Anschrift der Autorin:

Marktplatz 17
A-2380 Perchtoldsdorf bei Wien
ÖSTERREICH
Tel.: (+43) (0)1 / 8693769
E-mail: logotherapie@aon.at

Weitere Bücher der Autorin

„Alles fügt sich und erfüllt sich. Die Sinnfrage im Alter", Profil, München 2009.

„Auf dass es dir wohl ergehe. Lebenskunst fürs ganze Jahr", Kösel, München 2006.

„Dein Leben ist deine Chance. Anregungen zu einer sinnvollen Lebensgestaltung", Neue Stadt, München, 2. Aufl. 2010.

„Den ersten Schritt tun. Konflikte lösen – Frieden schaffen", Kösel, München 2008.

„Der Seele Heimat ist der Sinn. Logotherapie in Gleichnissen von Viktor E. Frankl", Kösel, München, 3. Auflage 2007.

„Freiheit und Identität. Logotherapie bei Suchtproblemen", Profil, München, 2. Auflage 2005.

„Heute ist der erste Tag vom Rest deines Lebens. Schritte zu einer erfüllten Existenz", Quell, Gütersloh 2007.

„In der Trauer lebt die Liebe weiter", Kösel, München, 6. Auflage 2009.

„Konzentration und Stille. Logotherapie bei Tinnitus und chronischen Krankheiten", Profil, München, 3. Auflage 2005.

„Lebensstil und Wohlbefinden. Logotherapie bei psychosomatischen Störungen", Profil, München, 2. Auflage 2003.

„Lehrbuch der Logotherapie. Menschenbild und Methoden", Profil, München, 3. Auflage 2006.

„Rendezvous mit dem Leben. Ermutigungen für die Zukunft", Kösel, München, 3. Auflage 2006.

„Sehnsucht nach Sinn. Logotherapeutische Antworten auf existentielle Fragen", Profil, München, 3. Auflage 2004.

„Spannendes Leben. In der Spannung zwischen Sein und Sollen – ein Logotherapiebuch", Profil, München, 3. Auflage 2003.

„Spirituelle Psychologie. Quellen sinnvollen Lebens", Kösel, München, 5. Auflage 2006.

„Verlust und Gewinn. Logotherapie bei Beziehungskrisen und Abschiedsschmerz", Profil, München, 2. Auflage 2007.

„Viktor E. Frankl. Arzt und Philosoph", Profil, München 2005.

„Wertfülle und Lebensfreude. Logotherapie bei Depressionen und Sinnkrisen", Profil, München, 3. Auflage 2006.

Tonkassetten und CDs mit Vorträgen von Elisabeth Lukas sind erhältlich beim Auditorium Netzwerk, Habspergstraße 9a, D-97379 Müllheim/Schwarzwald

**Mensch sein
heißt Sinn finden**

Hundert Worte
von Viktor E. Frankl

Hg. von Elisabeth Lukas
im Verlag Neue Stadt

112 Seiten, gebunden, ISBN 978-3-87996-634-9

Worte eines Zeugen ungebrochener Menschlichkeit, der überzeugt war, dass Leben unter allen Umständen Sinn finden kann.

Elisabeth Lukas

**Dein Leben
ist deine Chance**
Anregungen
zu einer sinnvollen
Lebensgestaltung

160 Seiten, gebunden, ISBN 978-3-87996-749-0

Elisabeth Lukas ist überzeugt: Ob Jung oder Alt, wo immer jemand steht, es gibt für jeden einen unverwechselbaren, sinn-vollen Weg. Zahlreiche Tipps helfen, dem Leben insgesamt und dem Alltag Richtung zu geben. Anschauliche Beispiele aus der Praxis und der Erfahrung der Autorin machen Mut zu konkreten Schritten – damit man die „Chance des Lebens" nicht verpasst!

Mehr unter www.neuestadt.com